CONFLICT COMMUNICATION

A New Paradigm in Conscious Communication

RORY MILLER 羅瑞・米勒——著
楊文斌——譯

衝突溝通的技術

美國聯邦危機處理專家教你預測、避免、回應人際衝突的法則

推薦序

有效預測、避免、處理衝突的一套好工具

格雷戈・博世多 Gregory Postal

科學研究的首要原則是絕對不可以欺騙自己；自己通常是那個最好騙的人。

——諾貝爾物理學獎得主理查・費曼 Richard P. Feynman

羅瑞・米勒多年來致力於發展及改善衝突管理的策略，認識他的人無一不認為他為人溫和善良，但如果涉及威脅評估及管理，他的容忍度可是很低的，無法接受任何有瑕疵的方法或理論。這一點我倆算是有志一同，我是武術教練也是美國陸軍的精神科醫師，我非常清楚一件事：面對具有暴力傾向的人，準確的預測與有效的策略至為關鍵，一旦預測失準或策略無效，後果十分嚴重。而羅瑞的方法讓我受益良多，大大改善我的預測及策略表現，也讓我的教學效果提升不少。

近幾年來，精神醫學領域針對預測暴力方面的研究頗有進展，尤其是從流行

病學★（宏觀）的角度。透過數據，執法部門能夠更精準地預測犯罪者重返社會後再犯的機率，或者如果有人威脅要傷害某位公眾人物，我們也可以計算實際的危險程度。儘管如此，精神科醫師還是很難成功預測病患的暴力行為，更難以先發制人預防早期的暴力表現。只要看看醫師遭攻擊的資料，就可以輕易發現這個問題，所以我們行內有句話說，一旦執業「夠久」就難免會受害。我們可是研究人類行為的專家啊，為什麼這個關鍵能力總是沒有長進呢？

一個可能的原因是，我們缺乏「微觀」角度的實證資料，又總是侷限於使用經科學證明的方法來進行研究。確實，不容易以嚴謹的科學方法來研究暴力問題（有誰會自願加入當受試者？），但如果一味堅持以資料導向的方法來研究暴力，就會疏於運用與仰賴我們本來就擁有的能力。因此，就跟許多暴力事件的受害者一樣，醫師在遭受攻擊後常常會說：「我當時應該相信自己的直覺。」另一個問題是，醫師沒有正確認識人際暴力的本質，導致他們在情勢已然不可為之際，仍然努力想讓病患「冷靜」下來。更糟糕的是，許多偽科學的說降（verbal de-escalation）課程甚且宣稱，走上肢體干預的處理方式是因為對說降技巧不夠理解或實施方式不對。

★編按：epidemiology，探討影響人類群體健康及疾病的科學，是公衛及預防醫學的根基。

一般大眾同樣鮮少思考衝突溝通，一個可能的原因是：大部分人打從心底不願去想像自己被暴力攻擊的場面。在演化的過程中，恐懼是一種重要的情緒，讓我們本能地避開那些令我們感到害怕或脆弱的情況。理想而言，當我們看到危險訊號，我們就會採取確保自己安全的方法，避開威脅或積極行動以減少受傷的可能性。如果威脅無法被排除時，勢必要依靠其他方法來處理焦慮的情緒。歷史上，術法、儀式或護身符都曾經是人們用來消除恐懼的方法；現代人則把這樣的過程內化，透過心理而非社會活動來面對恐懼。

人們可以合理期待行為科學家打前鋒，找出更有效的方法來觀察、理解和避免暴力，但身為專家的我們往往也會陷入迷思，以為自己足以應付暴力。然而，我們其實心知肚明，若真要評量自身面對暴力威脅的能力，恐怕還是不及格；一想到這個事實，無力感與脆弱感就會再度襲捲而來。也難怪我們多數人都避免去面對這個問題！

投身研究多年的領域卻又感到徹底幻滅，導致巨大的心理壓力；而另一個阻力則是羅瑞指出的「猴子腦的恐懼」：如果我質疑自己所受的訓練，認為這些訓練未必能讓我有效面對暴力，幸運的話，同儕會冷處理我的質疑，倒楣一點，整個學術圈都會譴責我，說我對現況造成威脅。對指導教授或學術界前輩而言，這樣的質疑聲浪等同是抨擊他們的專業和領域地位。他們一開始會努力解釋，說我們對暴力威脅感到焦慮，是因為我們瞭解不深、經驗不夠、自信不足等等各種因素。不過倘若打破砂鍋問到底，你很快就會被踢出去。

講了這麼多，跟這本書（還有羅瑞的研究）究竟有何關聯？雖然羅瑞的研究必定有其科學基礎，但他的成果無法以嚴謹的實驗方法來證明。更何況它可不是什麼萬靈丹。其實這正是羅瑞致力破除的迷思之一——真正身處危險情境時，什麼事都說不準。然而，羅瑞所分享的資訊可以大幅降低我們受害的機率，前提是我們願意且能夠接受每次衡量真實威脅時，必然有模糊和漏洞，而且願意暫且放下我們對衝突既定的「認知」。每每有人發展出經科學證明且經得起考驗的方法，我總是第一個發聲支持。現在，最具水準的方法正是羅瑞提出的這些技巧：有效預測、避免、處理衝突的一套好工具。

本文作者為沃爾特里德陸軍醫療中心（Walter Reed Medical Center）精神科醫師、美國陸軍醫學博士

推薦序

這本書是為你我而寫的，每個人都該讀一讀

傑克・霍本 Jack Hoban

學過日本武術的人應該對「三密」（*sanmitsu*）這個武術套路不陌生。三密是指「身、語、意」，被視為通往開悟境界的途徑。雖說多數人相信三密是源自藏傳佛教，但在許多精神哲學中都可以看見相似概念，從天主教（「我向全能的天主和各位教友，承認我在思、言、行為上的過失……」）到新時代主義（New Ageism）都有。

我的志趣所在是武術，在武術裡我們認為，若要徹悟並保護生命，三密正是關鍵。而此刻正在閱讀本書的你，想必對衝突溝通有興趣，或至少想要瞭解如何化解危險，甚至是肢體衝突。對於如何化解衝突，我們每個人都有自己的一套想法，有關停止（或勝出，或避免）肢體衝突的方法也不可勝數。但在衝突溝通中，「言」才是最有效的工具，卻是三密中最受忽略的一環。在羅瑞・米勒的這本

新書中，介紹的就是化解衝突的語言。

無論是肢體衝突、言語衝突還是心理衝突，羅瑞都經驗豐富。他曾經在聯邦監獄服務十七年，擔任懲教緊急應變隊（Corrections Emergency Response Team）★成員長達十一年時間。因為這樣的經歷，他見識並處理過的肢體衝突遠多於一般人。不過對我們來說，最珍貴的是他化解言語衝突的技巧，而這些技巧就呈現在本書中。本書內容有助於專業工作者，對於一般日常生活、職場、家庭之間的各種言語衝突也都十分管用。

羅瑞特別指出人類的大腦有三個主要面向：蜥蜴腦、猴子腦、人類腦。蜥蜴腦沒有思考彈性，生存至上。猴子腦由情緒主宰。唯有當我們運用人類腦時，才能好好解決問題與化解衝突。箇中原因你不得不知，而羅瑞在書中做了一番詳盡解釋。當我們遭遇脅迫或情緒激動時，我們必須知道怎麼馴服蜥蜴腦與猴子腦，讓人類腦奪回主控權。羅瑞會教我們怎麼做。最後，極為重要的是，我們的人類腦必須學會有效化解衝突的語言。羅瑞也會教我們什麼應該說、什麼不該說。從上述種種可見，衝突溝通無比重要。羅瑞的衝突溝通法則已經通過一些嚴峻情勢的測試，基本上在任何的衝突場域都可以派上用場。換句話說，這本書是為你我

★編按：主要負責押解囚犯並處理監獄所重大事故、大規模騷動、逃獄或挾持人質等危機。

而寫的，每個人都該讀一讀。

羅瑞的方法很重要，因為它們能夠奏效。但不僅於此，光用對的語言溝通是不夠的。羅瑞的方法符合道德倫理，他教我們尊重自己及所有生命。當我們運用人類腦，冷靜思考並互重互諒時，說的話才會對。有時候衝突不過是意見不同，自重又尊重他人的做法就是接受雙方的歧見。然而，事實上發生衝突時，不一定只是意見不合，通常某一方確實有錯，但即使是在這樣的情況下，真正的衝突溝通專家要矯正不道德或不法的行為時，還是會透過「身、語、意」的方式展現出對他人的尊重。閱讀本書，你會獲得無比珍貴的能力：面對不好或不法的行為時，你依然可以冷靜且理性地溝通。掌握這個關鍵，才能夠成為化解衝突的高手以及有道德的專業衝突處理者。

本文作者為衝突化解訓練國際組織（Resolution Group International）主席、美國海軍陸戰隊格鬥訓練計畫專家

目錄

推薦序　有效預測、避免、處理衝突的一套好工具　格雷戈・博世多　003

推薦序　這本書是為你我而寫的，每個人都該讀一讀　傑克・霍本　007

前　言　017

第一部　關於衝突這回事　021

暴力不好嗎？衝突是壞事嗎？這些問題對你來說是否有值得商榷之處，還是立刻就能做出回答？如果你心中馬上跳出來的回答是：「暴力當然不好。衝突當然是壞事。」這樣的反應可能來自情緒，而不是深思熟慮……

022　・想要和平，就不能忽視暴力

026　・為什麼會有暴力：從馬斯洛的理論談起

032　・剖繪人類的三種腦

043　・衝突的類型

第二部

衝突溝通法則：回應衝突的方式

053

一個人遇到衝突時會做出反應，他可能錯將無心的一瞥解讀成挑釁意味濃厚的眼神……被逮捕的罪犯對眼前的警察一無所知，他的行為及言語只是針對那身制服以及情境所做的反應，跟警察個人無關，充其量只是劇本裡需要有這個角色。

· 你對衝突的反應由潛意識做主 055
· 你早有一套衝突反應的腳本 059
· 以維繫團體為優先考量 062
· 跟著猴子腦的衝突反應劇本走 073
· 如何妥善運用人類腦 081
· 讓你的人類腦保持清醒 098
· 衝突的藉口和理由 113
· 用情緒解決問題的問題 123
· 各種不同型態的團體與團體關係 146
· 其他的需求 165

你的人生到目前為止，都是盲目追求猴子腦想要的目標，像是成為最強壯、最高大、最難對付或叫聲最大的猴子。但是從現在開始，你的猴子腦會想要成為最聰明的猴子。

第三部 衝突溝通的策略、工具及技巧 183

- 檢視、理解與分析你的直覺 184
- 積極聆聽法 187
- 策略性道歉 195
- 建立友好的關係 198
- 設立界線 207
- 從雙方的共通處開始 214
- 建立好名聲 217
- 當個懂得善用資源的老大哥 220
- 操弄腎上腺素 222
- 故意犯錯 225
- 改變猴子腦的目標 227

附錄一、暴力的定義 229
附錄二、威脅評估方式 238
附錄三、改變劇本，就能改變情緒 256
後記 260
專有名詞解釋 262
參考書目 267

引起衝突的原因，往往不是問題本身，
而是關於地位、財富、身分或權力之爭。
當你試圖解決問題，對方針對的卻是個人，
你就必須問問自己：「猴子腦這次又在搞什麼鬼？」

前言

你是不是經常發現自己又跟老婆、先生或是身邊重要的人吵起架，心裡忍不住想：「怎麼又來了？」

你明明知道真正的問題出在哪兒，可是對方不斷浪費時間精力在挑你毛病，好端端的卻要找你麻煩，於是你也跟著意氣用事？

你因為工作表現太好而感覺自己被排擠、甚至遭到陷害？

以上這些麻煩看似都是個人的問題，但往往和個人無關。在接下來的章節裡，我將竭力為讀者解釋多數人際衝突的發生機制。我會教你理解衝突的新方法，讓你可以選擇不同的方式去面對與處理各種衝突。最重要的是，本書將協助你避免掉入自己的思考陷阱。書中提出的這套技巧是由馬克·麥可揚（Marc MacYoung）和我共同研發的，我們都不是學術派，也不是科學家。我倆只有大學學歷，不過我們處理衝突的經驗多不勝數。麥可揚與我著有數本廣獲好評的暴力及衝突相關書籍，也靠著教授各種衝突管理的技巧養家餬口。

聽來或許有點不可思議，不過跟暴力且具危險性的人相處，其實與愛生氣、討厭或自私的人一起工作沒有多大差別。主要差異在於，時間壓縮會讓衝突模式更容易被看出來——暴力與危險的人可能在短短幾秒內就傷害你；善妒的同事可能會花上幾個禮拜的時間散布流言誹謗你。當然，基於風險管控之故，若能夠好好把事情解決，何樂而不為，畢竟如果溝通無效，有可能兩敗俱傷。

我們兩個都擅於透過話語讓人冷靜下來，而且有良好的紀錄為證。問題在於，這樣的技巧是否能夠傳授給他人。為此，我們回顧過去的成敗經驗，試圖找出背後共通的原則。而這些原則就構成了我們最初的衝突溝通法則課程，以及這本書。

一個真正的好點子或有效的原則，可以適用於絕大多數的情況。當我們介紹衝突溝通的重點以及有效化解衝突的經驗時，不少學生反應說，這些原則其實不限於犯罪者與執法者之間的衝突。幾堂課下來，我們持續收到這樣的回饋：「確實，這套原則對街頭犯罪很管用，但你們也說中了我老闆的行為模式！」

我要在此重申：我們不是科學家。此外，衝突研究的領域中鮮少有真正的科學。真正的科學並非奠基於模型或相關性，也不只是倚賴數據或理論。真正的科學需要實驗證據，但沒有任何大學的研究倫理委員會會批准通過有關內心恐懼、危險及衝突的實驗，就算實驗只涉及一般人日常的情緒強度，還是過不了關。

因為我們不是科學家或理論家，所以這套衝突溝通法則不是一種理論。它只是一個模型。書中將介紹一些理論，有些廣為人所接受，但沒有一個是絕對正確的。沒有任何理論或模型可以完整對應到真實世界中。馬斯洛（Abraham Maslow）的需求層次是理解衝突的有效模型，但作為理論本身它難免有所疏漏。

這本書的整體也是一樣。一切都是後見之明。**什麼有效？為什麼有效？**不知道。那就想一想。**有效的做法之間有什麼共通點？**喔，我想到大學課堂上聽過的一個理論，讓我查查。然而，本書介紹的做法真的有效。早在它成為一套方法之前，它就已經有效了，而且就算其背後的理論有誤，它還是持續發揮效用。唯一的問題是，我們不曉得為什麼它會有效；我們也無法保證現在我們知道了。

接下來的內容非常直觀易懂，就像是在告訴魚兒水為何物。魚兒水中游，水左右了魚的生活，但是魚卻看不見水，所以眼前是順流還是逆流，很大程度是選擇的問題。如果魚兒能學會看見水，牠就能夠運用生活中最強大的力量。

第一部

關於衝突這回事

暴力不好嗎？衝突是壞事嗎？
這些問題對你來說是否有值得商榷之處，還是立刻就能做出回答？

「知道」一件事情很簡單。如果本書只是要提供一系列的技巧供讀者背誦與使用，第三部的內容就足以達到目的。

然而經驗告訴我，在壓力情境之下，知道一件事情幾乎沒有意義，要真正「瞭解」才能發揮效用。因此，這一部的內容是背景介紹，也就是衝突溝通的基本概念。瞭解這些概念以及第二部說明的原則之後，即使身處壓力情境，你也能隨機應變——面對衝突時，隨機應變是最有價值的武器。

想要和平，就不能忽視暴力

現代人面對暴力和衝突的態度，就像一九五〇年代人們對性愛的看法；在那個時候，討論性愛是一件沒有教養的事，學校老師也不會跟學生談性。不管眾人私底下是什麼感受，性愛被貼上「骯髒齷齪」的標籤，小朋友最好什麼都別懂。

同樣地，儘管現今的影視娛樂中滿是暴力場景，我們卻沒有好好教育孩子認識衝突，更不要說認識暴力。他們只會聽到大人說，衝突與暴力是不對的行為。有多不對呢？有些學校祭出零容忍政策，即使是暴力衝突的受害者也要被處以暫時停學。這樣的處置方式與伊斯蘭律法下性侵受害者的遭遇有什麼兩樣呢？

現代社會中，有關暴力的教育可以用兩個字來概括：自制。

我們要青少年自制，不得偷嚐禁果，結果成效不彰。要每個人都自制，不要訴諸暴力，效果有比較好嗎？實際上青少年性行為與暴力事件還是層出不窮。用忽略問題的方法來解決問題，這是哪門子的道理？

現代社會將衝突視為禁忌話題，這種心態對於衝突管理影響深遠。最大的影響就是，我們對衝突一無所知，遑論化解衝突。醫生想要找出疾病的治療方法，必然得先瞭解疾病；想要獲得和平，就不能忽視暴力。

另外一個影響是，許多調停者或是衝突處理專家，常常抱持不切實際的期待在面對問題。他們認為每個衝突都有一個合理的解決方法，但這個想法本身就有點天真。或者他們認為總是可以找到一個雙贏的解決方案，卻忽略了一件事實：對有些人來說，羞辱對方（或是看對方受傷）就是一種勝利。

當我們避談衝突時，只會有越來越多人對這個主題一無所知，錯誤資訊也會蔓延開來。而真正遭受暴力且願意談論此等經驗的人，則被眾人刻意邊緣化。當社會視暴力為禁忌話題，就像所有其他禁忌一樣，相關的資訊便無法流傳。

佛洛伊德（Sigmund Freud）主張人格結構有三個層次：

‧**本我**（id），包含人的恐懼、慾望、侵略性、愛慾及動物我（animal self）。

‧**超我**（superego），比較貼近的概念是道德良知（conscience）。超我是種種社會教化形成的集合體，也就是關於什麼是對、什麼是錯的想法。

‧**自我**（ego），會平衡本我及超我，也就是我們最寶貴的理性。簡單說，自我就是「你是誰」。

以上是佛洛伊德的看法。

當代研究基本上推翻了這一切，主張我們腦中理性的聲音、我們意識到的想法，並不是我們。我們看見事物之後做出決定，這個過程非常快速，即使複雜的決定亦然。理性思考是後來才跟上的。我們的意識就像電腦螢幕上的文字，充其量只是反應出電腦的活動內容罷了。

不過，佛洛伊德有件事說對了。性與侵略性或許並未主宰人心，但我們對它們的所學和所感有著強烈的衝突。如何運用自己所學到的是與非（追求正義與尋求報復）來排遣情緒，將形塑一個人的性格。一個人能否駕馭自己的慾望，也將影響其一生。

而上述這些過程，大多不會為人所意識到。

接下來將論及許多暴力及衝突的資訊，有些訊息讀起來學術味頗重。但你沒問題的。這些資訊透過文字呈現在你眼前，再經由你的腦袋消化吸收。

這種學習方式只能說還行，但稱不上有效。衝突就跟性一樣，是一種情緒感受。我們直覺認為自己已經理解它們。衝突，尤其是高度的暴力，其實就是情緒與感受、接觸與連結；它是觸覺的、聽覺的、嗅覺的，是可以感受到、聽到、嗅聞到和看到的東西。

因此，衝突就跟性愛一樣，想要透過閱讀來鍛鍊實力，或許不是最有效的方法。很不幸的是，最有效的學習方法是親身捲入大量的衝突中，幸運的話存活下來，不論身體或心理，然後找出管用的方法。

書中出現比較學術的字眼時，其背後的科學理論並不是那麼要緊，重要的是概念，那才是你需要瞭解的。就好比我們在使用任何工具時，需要先瞭解它的用途。本書的目的不是探究理論，而是將它們運用在現實生活中。

暴力不好嗎？衝突是壞事嗎？這些問題對你來說是否有值得商榷之處，還是立刻就能做出回答？如果你心中馬上跳出來的回答是：「暴力當然不好。衝突當然是壞事。」這樣的反應可能來自情緒，而不是深思熟慮——這是社會灌輸給我們的想法，就像六十年前人們直覺認為性愛是不好的事。

為什麼會有暴力：從馬斯洛的理論談起

馬斯洛在一九四三年發表了著名的需求層次理論。

概念其實很簡單：當你的生命危在旦夕時，不論是飢餓、口渴、生病，或是快要被殺害或被吃掉了，活下去是你的首要目標。除非先滿足了緊急的生存需求，否則你根本不在乎也沒有時間精力去做其他的事情。

一旦基本的生理需求獲得滿足，你就可以開始思考人身安全的問題：明天和下個禮拜的水跟食物要去哪裡著落？要上哪兒找個能夠遮風避雨又可以阻擋掠食者的地方？

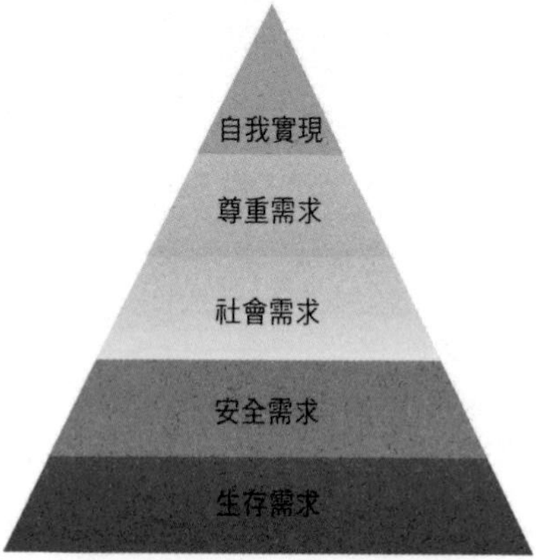

馬斯洛的需求層次理論

下一個需求層次是社會需求，又被稱為「歸屬感」的需求。人類難以在荒野獨自求生，群聚在一起可以分工合作，更容易滿足所有人的安全需求。由於人類幼小時無法獨立存活，所以群聚的必要性更高。我們誕生在家庭中，終其一生都生活在團體裡。鮮少人能夠離群索居，大多數的人更是無法想像要孤單過日子。即便是性格內向孤僻者也會看看書或聽聽音樂，人際互動不在行不代表他們不需要社會連結。

團體的歸屬感很重要，而知道自己在團體中的位置亦然。馬斯洛將此連結到被愛與被尊重的需求。這樣的解釋很好，不過這種需求其實更深層，也沒那麼合乎邏輯。就算是處在如賤民這樣的下層地位，壓力可能都小於不知道自己定位的人。許多人在剛進一家新公司、剛加入一個新團隊，或是剛到一所新學校時，都感受過這種不確定性的壓力。你或許剛上任，有了頭銜和正式位階，但是你更需要明白的是如何融入新的團體，也就是非正式的地位。由此可見知道自己的定位比實際的地位高低來得重要許多。

最後，根據馬斯洛的理論，如果上述需求都被滿足了，一個人就可以追求自我實現。實踐夢想。依隨你心。寫詩、雕刻或做慈善，或是創作連環殺人魔的奇幻故事。

這一點非常重要。每個人的夢想都不同，也會從不同的事物中得到快樂。需求模式（無論是馬斯洛理論或是稍後將介紹的模式）普世皆適用，但呈現方式橫跨了人類思想與感受的整個光譜。當一個人的所有需求都被滿足了，他會開始追求他想要的其他東西，而他想要的可能是支配控制什麼或摧毀破壞什麼。沒有認清楚這個事實，就無法妥善處理它。

忽視問題，不可能解決問題。

馬斯洛提出了需求的金字塔理論。對生存越是關鍵的需求，越靠近金字塔底部。

衝突不好嗎？暴力是壞事嗎？從人類這個物種的演化歷史來看，其實兩者皆屬必要。人類捕獵以取得食物，戰鬥才能保護自己不被殺也不被吃掉。為了得到女人、奴隸、食物或侵占掠奪而發動攻擊，都是常見的事。為什麼？因為有效。侵襲與掠奪比辛勤務農、拉拔小孩來得輕鬆。羅馬不是一天造成的，但是要在一天內摧毀羅馬就容易多了。

不想成為暴力攻擊的受害者，你就必須使用暴力。這就像是數學的必然性。如果一個部落不防禦外患，就會成為侵略者的首選獵物；它會消失、遭到屠殺，或是淪為奴隸。

衡諸人類歷史，應付衝突和暴力的技巧一直是生存必備的特質，直到近代才有所改變。在某些地方，這項技巧依然攸關存活。而無論身處何地，在特定情況下，解決衝突和暴力的能力還是至關重要，好比說有歹徒闖入民宅時。這可是讓我們的老祖先得以延續千年的能力啊，實在很難把它們歸類為「壞事」。

對工業化世界的多數人而言，金字塔底部的兩層需求大概都能獲得滿足。美國人不必再擔心冬天會飢貧而死，或是害怕傳染病肆虐奪去上千條性命，那已經是上個世紀的事了。近五十年來，西歐國家也不曾擔心外患入侵。

因此，現在工業社會的人們完全沒有經歷過因生理與安全需求而引發的衝突。即使是飢餓問題（生存需求），也早已被視為是社會的責任。上層需求與下層需求所引發的衝突，在動機和生理及心理機制上完全不同。而衝突管理的社交技巧往往無法轉移，大概就像即便你的拳擊技巧很好，遇上美洲豹的攻擊也無用武之地。

當餓死或被野熊生吞活剝這類大問題消失了，我們的能量就會轉移到其他問題上。對大多數人來說，他們所面對的衝突幾乎都來自社會層次的需求：費盡心力要打進某個團體（他人會加以阻礙），或是在團體中力爭上游。

這類社會衝突鮮少導致嚴重的暴力，畢竟摧毀自己想融入的團體，豈不事與願違，滿懷憎恨和恐懼，好不容易掙來的地位果實也不再甜美。當社會衝突導致極端暴力，像是辦公室或校園槍擊事件，施暴者心知肚明自己不會再受到團體的接納和歡迎。

然而，由於現代人的衝突經驗往往來自社會衝突（歸屬感和尊重的需求），所以很容易以對社會衝突的認知來理解所有類型的衝突。

任何需求都可能引發暴力及衝突。對毒癮發作的人來說，弄到錢買毒品宛如生存需求，不論要賠上誰的性命都不在乎。為了一時的安全感和快感，會讓人犯下偷車、劫珠寶或搶錢的罪行。極端暴力是幫派常見的行為，許多次文化更是推崇「狂派」和「硬派」。即便在今日社會，以暴力聞名也不是什麼罕見的事，更別提在過去決鬥也是紳士的一種特權。

最後我們來談談金字塔最頂層的需求：自我實現。以前在大學課堂上，教授言語中總是透露出追求自我實現的人是好人，可能是藝術家、慈善家和哲學家。錯。只要一個人的社會及生理需求獲得絕對的保障，任誰都會去追求自我實現，成為自己想要成為的人。然而，如果他想要做的是傷天害理的事呢？

暴力可能是基於一時衝動，或是把暴力當有趣，或是活在幻想之中。暴力也可以是深刻的自我實現。這句話踩到了我的痛處，因為過去所學所受都告訴我，自我實現是崇高的目標，所有人都應該追求自我實現。這種情緒的翻騰，這種認為壞人不可能自我實現、成長必屬高尚的直覺反應，顯示我不是用人類腦在思考，而是大腦的邊緣系統在做反應。

衝突與暴力

暴力的類型範疇廣大，有諸多定義。人有情緒暴力、言語暴力或肢體暴力；肢體暴力只是暴力的一個小面向。而暴力是衝突的一種表現方式。衝突才是最大的集合，涵蓋上述所有概念。

欲瞭解明顯的肢體暴力（個人的忍受度及威脅評估），請見附錄二。

多數讀者可能以為，他們在衝突中感受到的恐懼，是源自於擔心衝突演變成肢體暴力。不是這樣的，你的恐懼另有其他源頭。

剖繪人類的三種腦

以下將會有一些看起來很科學的內容。你可以忽略那些用詞。除非你是從事相關研究的，否則背後的科學知識不重要。概念才是重點。

也請記得，本書所介紹的只是一種模型。沒有任何模型是完美的。沒有任何模型可以直接反應出現實。（這一點放諸許多生命領域皆準。）正如統計大師喬治・博克斯（George E. P. Box）所言：「基本上，所有模型都是錯的，但有些頗為合用。」

作為科學理論，馬斯洛的需求層級和以下將介紹的三腦理論漏洞百出，卡車都可以開過去了。如果馬斯洛的理論無誤，那填不飽肚子的人無法產出藝術品，戰場上的軍人也不會寫詩。

大腦神經科學之複雜，也遠遠超過簡化的三種腦理論。

不過我真的不在乎。只要運用得當，上述兩種模型都能有效預測人類的行為，也能建立一個理解與應付周遭世界的知識框架。我的意見不代表所有人，但我認為「有效可靠」比「經專家審查」來得重要。

為了方便後續討論，請記得，你有三個腦，我們稱之為：**蜥蜴腦**、**猴子腦**以及**人類腦**。

蜥蜴腦是你會思考的大腦中最古老的部分，也就是後腦。你的生存本能（特別是「戰」或「逃」或「僵」的反應）由蜥蜴腦負責。人類的大腦中，蜥蜴腦與身體及感官的協調最為相關。蜥蜴腦就是我們的動物腦。

蜥蜴腦特別喜歡儀式與節奏。你的各種習慣就是存在蜥蜴腦裡，還有那些變成習性的小動作。好比說，無論我多麼小心翼翼，總是會在壺底留下一些咖啡渣。有個朋友見面的第一句話總是說：「最近還好嗎？」貓咪看到碗底空空就會喵喵叫。這些都是習慣與儀式。

節奏經常是我們與這個古老的大腦連接的一種方法，像是部落的鼓聲以及瘋狂的舞蹈。我還觀察到節奏的另一種形式：當犯罪者腎上腺素飆升、情緒激動、生氣到無法理智思考時，身體常常會出現奇怪又有節奏的動作，好比聳聳肩或踮踮腳。忙得很。

猴子腦對應的是大腦邊緣系統，也就是情緒腦。猴子腦主要關心的是社會行為、地位，以及其他人是怎麼想的。對猴子腦來說，羞辱不啻死亡。這是因為在人類演化的過程中，一旦被逐出部落，等同於被宣判緩慢且孤獨地死去。猴子腦明白這個道理，它最害怕遭人排擠。戰爭時期，如果一名軍人不怕被恥笑為懦夫而寧可苟活，他就無法成為國家的依靠。

在危急的情況下，我們就可以看見猴子腦的力量。面臨天災或是像雙子星大樓遭襲之類的重大事件，人們不知所措時會互相打聽試探，看看其他猴子腦會做何反應。巴格達發生爆炸時，有些人會趴倒在地，有些人基本上不為所動（通常是在當地待的時間較長的人，可以判斷爆炸的距離及安全性），但大部分人則是左顧右盼，看看自己該怎麼做。

由於我們所經歷的衝突大部分來自這個層面，所以猴子腦的反應方式左右了人類的衝突行為。

人類腦，也就是大腦新皮質，相對來說是新來者。它思慮周延、通常很理性（理性程度依所得的資訊而定）。它動得比較慢，畢竟蒐集證據、衡量各種可能性及選項，是需要時間的。它能夠有效地解決問題，但實務上往往是資深的蜥蜴腦和猴子腦都已經做好決定了，大腦新皮質才將問題探索完畢。

三種腦，三種不同的處理順序，各自演化來面對不同類型的衝突。它們各有不同的反應腳本，也有清楚的資歷之分。

最資深的將領蜥蜴腦

蜥蜴腦只在乎自己能不能活下來。它極為冷酷無情，而且非常保守，極端抗拒任何新事物。正因為如此，曾經經歷危險與痛苦遭遇的人很難改變，例如長期兒虐的受害者。**蜥蜴腦只想著存活**。無論日子多麼艱苦，無論生活多麼難過，或是已經可以預見悲慘的結局，蜥蜴腦只知道現在的做法可以讓自己保命，而任何改變反而可能會讓自己喪命。

在極度害怕的時刻，蜥蜴腦抗拒改變的特質尤其顯著。比如說，菜鳥警察在明知無效的情況下還是會不斷試著要制伏對方，或是明知自己別無選擇只能開槍，卻不斷朝對方大喊：「放下你的武器、放下你的武器。」蜥蜴腦把他困住了。蜥蜴腦判定，既然現在「還沒」被殺，這就是一個有效的生存方式。

大部分的人只有在極度恐懼的情況下才會感受到蜥蜴腦的反應。意思是，人們將恐懼連結到生存壓力的反應，在極端害怕之下身體會分泌大量的壓力荷爾蒙。壓力荷爾蒙會影響視力、聽力、記憶、協調性以及判斷力，讓人變得笨拙、產生管窺效應、功能性失聰、犯傻、頑固，而且什麼都記不起來。

如果你只有在這種情況下體驗過蜥蜴腦，你會以為它就是又笨又傻。不是這樣的。頂尖運動員「進入最佳狀態」時，幾乎完全是以蜥蜴腦在運作。小孩子在玩自己擅長的電動遊戲時，也是蜥蜴腦在掌舵。

當蜥蜴腦被喚醒，如果沒有大量腎上腺素激發，有時你會被自己冷血無情的想法給嚇到。災難倖存者的創傷後壓力，部分可能源自於領悟到自己為了求生而願意去做的事，並不如其自我形象，甚或與內在的是非概念並不相容。正是因為如此，人們開始談論起心中的野獸、陰暗面，或是「不為人知的一面」。有些人為此深受困擾與折磨。

蜥蜴腦並不奇怪，也沒有錯。想像一隻老鼠被逼到牆角，如果牠有我們的大腦，也會啟動蜥蜴腦奮力回擊。在人類演化的過程中，蜥蜴腦不斷備戰與使力。它有用武之地，而我們（猴子腦及人類腦）也都認得出它來。

由於蜥蜴腦最資深，處理的是最高任務「生存」，所以它具有可以完全掌控大腦的化學能。一旦它感受到死亡迫近的恐懼，就會綁架你的大腦。

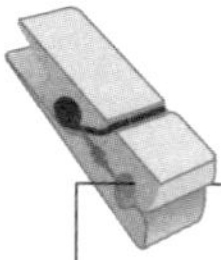

蜥蜴腦、猴子腦，以及死亡

蜥蜴腦只在乎生存，而且它的地位高於猴子腦，那怎麼還會有軍人士兵願意去打仗呢？為什麼蜥蜴腦沒有阻止人們陷入地位與存亡的兩難呢？

這是因為蜥蜴腦無法處理抽象的概念，像是炮彈可能擊中自己這樣的想法，對蜥蜴腦來說沒有意義，並不是緊急的危機。等到它聽到炮彈的呼嘯聲，看見爆炸的景象，一切就變得真實了。

雖然它可能會開始運作，但是它也知道訓練習得的技巧是有助於生存的。一旦它願意相信訓練，一位驍勇善戰的士兵就誕生了。

凝聚團體的猴子腦

猴子腦在乎的是社會地位和社會生存。它無法分別羞辱和死亡有何差異。

對於很多重要議題來說，這一點是關鍵。從較低的層次來看，如果你帶一群人去玩高空彈跳，就可以看到猴子腦在運作。人類與生俱來的恐懼有兩種，其一是害怕摔下去（其二是巨大聲響）。高空彈跳的傷害風險雖小，但是確實有風險，膽小者通常需要鼓勵才敢縱身一躍；喜歡冒險或追求快感的人不需多少激勵就願意嘗試，但是在真正跳下去之前，往往還是有點遲疑。面對刻在基因裡的深深恐懼，需要某種程度的意志力才能克服。

之後，再把同一群人帶去卡拉OK唱歌。有些人堅決不唱，少數唱過的人願意開口。不過只要幾杯黃湯下肚，或是嘲笑戲弄一番，大部分人會克服心中的恐懼……等等，這是哪門子的恐懼？

一群喝醉酒的人會怎麼看我？別想了，事實是，兩瓶啤酒下肚，人家根本不記得誰上臺唱過歌。那為什麼這個**想像出來**的恐懼這麼強大？我們為何如此擔心別人怎麼想？

不要懷疑，這個想像的恐懼真的很強大。哈茨費爾德（Jean Hatzfeld）在《砍刀季節》（*Machete Season*）一書中寫道，一名男子在盧安達種族大屠殺事件中，每天早上出門獵殺圖西族人（Tutsi），用開山刀將圖西族人大卸八塊，男女老幼無一倖免。這名男子表示，如果沒有加入屠殺者的行列，會遭到眾人訕笑辱罵，那些攻擊「就像毒藥一般」，與其被別人恥笑不敢砍人，還不如去砍人來得輕鬆。

猴子腦威力強大，可以解釋人類的行為、衝突、創傷中一些非常深沉而危險的謎題。

對性侵受害者而言，身體傷害的復原速度通常不慢，心理的傷疤則痊癒得很慢，也可能永遠不會好——因為猴子腦對於世界應該如何運轉、什麼事情可能及不可能發生、人們應該如何對待彼此的觀點，全都被徹底粉碎。

再來看看為什麼有人離不開危險情人，這一點實在令人不解，但是從猴子腦的角度來看，一切就顯得合理——不管現況多麼痛苦，有個伴或位置總好過孤單一人或找不到定位。

聽聽上述這些字眼：痛苦、可怕、孤單。猴子腦就是情緒腦。但話說回來，其實蜥蜴腦掌管了更深沉的情緒：一是物質世界的純粹喜悅，我們鮮少意識到；二是物種滅絕的原始恐懼。這兩種情緒的強度很大，也是少數不一定要針對人才能產生的情緒，畢竟我們不會去嫉妒一台腳踏車或是討厭一顆石頭。第三種不歸猴子腦管的情緒則是「好奇心」，由大腦新皮質主宰。

相較之下，猴子腦只管社會情緒的微妙變化。

跟死亡比起來，猴子腦更怕被視為懦夫和恥辱。它會把哀傷轉化成自憐，有時候也會把蜥蜴腦的恐懼轉化成憤怒，這是很重要的生存策略；不過猴子腦也常會因為自己想像出來的屈辱而氣呼呼。

當然，它也不總是那麼負面，諸如與家人、朋友之間的感情，還有對任何團體產生的歸屬感，都是猴子腦主管。它讓人類有同情心、愛國心、自我犧牲的情操，以及給他人美好未來的渴望。三腦之中，是猴子腦讓我們可以感受到群體這個概念。

有時候，受到人類腦的引導與影響，猴子腦會是理性且為他人著想的。但就算它不理性的時候，往往還是會覺得自己是理性的。這一點很危險。德魯・威斯頓（Drew Westen）博士在《政治腦》（*The Political Brain*）一書中提到一份研究，每位受試者表明自己是「保守派」或「自由派」，然後再解釋自己的政治觀點。每位受試者都認為自己很理性，他們的說法聽起來也很有邏輯，但是經過檢測，他們的大腦新皮質（邏輯思考的部位）完全沒有活動，真正活動的是大腦邊緣系統，情緒的中樞，也就是猴子腦。

當我們為自己貼上國籍、教條、政黨、企業或社交圈等標籤，猴子腦就跳出來了。無論我們覺得自己多理性，這些標籤的目的是讓人在部落中找到自己的位置，讓我們無法理性思考。

你會發現，猴子腦這麼做是因為這些顯然愚蠢或無效率的策略（死守破碎的感情、將敵人大卸八塊、害怕遭羞辱、貼標籤）是**有用**的。不單單對個人有用，還能有效凝聚團體。

解決問題的人類腦

我們喜歡把心智視為真實的自己，認為自己大多數時間都能理性思考。醒醒吧。蜥蜴腦和猴子腦都不需要語言，我們可以將其理解成潛意識。語言是符號，不精準又慢。但人類腦則是語言和符號的高手。語言的強大力量在於它們可以解釋我們的行動，不論是對別人或對自己解釋。

研究顯示，在許多狀況下，我們在做決定時，潛意識往往先於意識，人類腦還沒評估完問題，決定已經做出來了。

如果有人問你：「這兩件襯衫你喜歡哪一件？」在你的意識心智開始認真比較前，你的潛意識心智早就已經做了選擇。然後當你被問到為什麼挑那一件時，你的意識心智有了答案，但這個答案是在大腦做完決定之後才編出來的。

我們的心智花了很多時間在編造理由，用來解釋我們（蜥蜴腦跟猴子腦）的既定想法或決定。有時候理由是說給別人聽的，但常常也是說給自己聽的。只要解釋不突兀，不會與現實衝突，我們的大腦不會在乎解釋是否有道理。

沒錯。除非後來因此惹上麻煩，否則對自己撒謊也無所謂。老實說，猴子腦和蜥蜴腦才不管那些解釋。

人類腦雖然運作慢，自我欺騙的能力一流，也很容易被其他腦綁架，但是它的力量強大。它善於解決問題。這就是它的功能。

蜥蜴腦無法瞭解抽象推理，但人類腦視抽象推理為工具。人類腦會運用符號（文字及數字）來學習、創作及發明。而猴子腦通常無法區辨符號象徵及其代表的意義。

怎麼把這些補給品運過邊境？為什麼車子發不動？這些症狀代表什麼問題？我要怎麼達成目標？只有人類腦能夠理解抽象的目標，並且設法達成目標。猴子腦和蜥蜴腦雖然強大，但只會被動做出反應。直覺告訴我（無法舉出相關研究），蜥蜴腦活在當下，不考慮未來；猴子腦只會想像不好的結果。兩者似乎都無法想像一個更美好的未來。

衝突的類型

人類對同類和其他物種使用武力時，是兩種截然不同的機制，此點與其他動物並無二致。

雄性響尾蛇在爭奪地盤時會彼此纏繞互相角力，看看誰比較強壯，但是面對獵物時，牠會靜待好時機張口緊緊咬住，在倒楣的老鼠或兔子體內注入毒液。

熊、虎、狼和鹿都各有一爭高下的方式，看起來像是打架，不過通常不會造成嚴重傷害，像是鹿會用鹿角撞擊對手的鹿角，而不是撞擊身體。

動物在面對其他物種時，就不會採取上述戰術。掠食者會尋求最快且最安全的獵殺方式。而一旦鹿被掠食者盯上了，會以逃跑為上策，但若遭到包圍無處可逃時，牠最主要的武器是鹿蹄，而不是隨季節變化的鹿角。

人類也是如此。我們自有一套面對社會衝突及社會暴力的方式。面對迥異的物種，我們會直接宰殺或捕獵。這麼做遠比殺害長相相似的同類來得容易許多。即使是素食主義者都會反射性的撲打蚊子。

這是天性。衝突還可以分成社會性衝突與無社會性的衝突★。

★編按：asocial conflict，詳細解釋見P262。asocial指缺乏參與社會交流及關係的動力，傾向個人獨自行動。

社會性衝突發生在團體之內。數千年前，這樣的團體可能是部落或村莊，團體內所有人都息息相關，從出生到死亡，認識的就是這群人。及至現在，這個團體可能是公司、社團、團隊、專案小組或家庭。不過我們處理問題的機制未曾改變，面對的問題也亙古不變。

社會性衝突源於下列幾個需求：

一、創造及維繫社會團體

一般來說，人類不適合單獨生存。世界之大，到處都是尖牙利爪的野獸，還有酷寒或炙熱的天候、野火及疾病等各種威脅。嬰兒缺乏養育及訓練的話，也無法存活。人類從出生開始就在團體中找尋自己的身分和定位。

擁有一個團體、歸屬於一個團體、保持團體的運作等驅力，推動著人類的演化。孤獨一人可能會因為飢餓或失溫、被掠食傷害以及遭其他人類奴役或殺害而亡。

如果一個部落分崩離析，無論是因為瓦解或分化，或是無法共同運作，在其他較為團結的部落或掠奪者眼中，就是容易打下的目標。遭掠奪的部落，倖存者的命運是被奴役、殺害及吸收進入新的部落。

二、在團體內建立及維持階級秩序

瞭解你在團體中的定位與擁有團體歸屬感同樣重要。多數社會衝突源自於社會地位及「社會階梯」（social ladder），領導地位的爭奪相較之下反而算少。有些物種的雄性不容易得到交配機會，對牠們而言，努力提高社會地位及權力是很合理的。不過人類就不完全是這麼回事。

對人類來說，社會壓力往往來自於不確定自己的位置。新生入學、搬家、換工作、甚或調動部門，都可以看到這種壓力。

正式的位階與在團體內的位置關聯不大。一個警察若從巡邏任務調到處理犯罪，他很清楚自己的地位，無論職級、資歷、訓練及經驗，但即便身處這樣階級分明的組織中，真正的問題是：在新的職務環境中有派系之分嗎？他會是屬於哪個小圈圈？是強勢派？好好先生？馬屁精？還是邊緣人？

他在這個團體裡又會扮演什麼角色？領導者？軍師？牧師（他人哭泣時可以依靠的肩膀）？開心果？科技宅？最強壯的？最可靠的？牆頭草？

猴子腦需要搞清楚這些才能安心。還有很多要考慮的，好比說，到底是小團體重要，還是個人角色重要？在後段班裡當頭兒比較好，還是要在強勢派中討好逢迎？

我看過有些人非常想加入特定團體，甚至不在乎自己的角色為何，狼狽地扮小丑、一味討好，甚或淪為花瓶。我也看過有些人不管身處哪個團體，自然會成為軍師、牧師或是領導者。

多數社會性衝突的發生不是因為競爭者互相想把對方拉下馬；這樣的衝突也是有，但通常是在資源有限的情況下，比如說只有一個升遷機會。大多數的人際衝突是為了團體中的特定角色。舉例來說，最常見的摩擦之一，尤其是在買醉的年輕人之間，就是有新的開心果加入。通常團體中原本就已經會有開心果的角色，這會兒來了個新人，比舊的那位還要好笑，個性外向又能融入大夥兒，這時候舊人就得鞏固自己的地位了。一開始或許先講一點無傷大雅的玩笑話，接著很快升溫成人身攻擊。他們持續跳著猴子舞（見第二部第二節）直到衝突爆發。此時團體成員會將兩人拉開，這是關鍵，表示團體用行動選擇了原本的人，階層已然確立。沒有改變。

任何人事的異動，新人加入、新增隊友、有人離開等等，都可能撼動已經建立好的階級體系。這種變化對猴子腦會造成很大的壓力。

三、強化團體的習慣與規範

習慣規範是指團體內普遍為人所接受的態度、信念，以及怎麼做事、怎麼看待事情的方式。也就是團體的規則。**團體是由其規範所定義**。沒有習慣和規範，哪來的**他們**與**我們**之分。沒有習慣規範的不同，就不會有不同團體。人類需要團體。

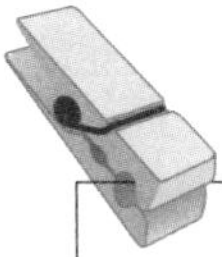

坦白說，人類對團體的需求有點蠢，也有點不必要。為何我們不就直接捨棄習慣規範呢？你可以試試看。但請記得，如果你認為謀殺與性侵是不對的，這些想法也都是習慣規範，想要好好表現也是一種習慣規範。按時付帳單、電力公司有義務供電給家戶使用，這些也都是習慣規範。

世界上有些地方的習慣規範不如上述。我還是比較喜歡有習慣規範的地方。

沒有團體歸屬感，就不會有團體存在，所以團體的規範通常受到捍衛。這也代表會有衝突發生。這種捍衛的程度有多強呢？答案取決於團體成員的社會化程度，以及他們對規範的認同程度。

在運作良好的團體中（公司、家庭或團隊），如果成員瞭解並相信團體的規定，只要一個疑惑的眼神，或者頂多一段簡短的對話，就足以捍衛規範。在有些團體中，視被破壞的規範有多重要，以及領導者想要傳達什麼樣的訊息，違反規範的行為需要以刑罰來加以「矯正」，殺雞是為了儆猴。

這絕非什麼稀罕少見的事，在家庭裡，小朋友就是這樣學習社會化的。小孩子不守規矩就會被處罰，由此認識家庭與社會的規則。處罰的方式可能是狠狠一瞪、剝奪某些權利，或是被打屁股，取決於團體內的習慣與規範，以及孩子的社會化程度。

無社會性的衝突則是發生在物種或團體之外。

物種之外的衝突包括狩獵、屠宰牲畜、消滅危險動物，甚至是打蒼蠅。對於生命的普世價值，每個人的態度不同，不過主要皆取決於眼前的生命跟自己相似的程度。飼養牲畜作為食物來源的人，很少會為家畜取名字。

而狩獵、屠宰或打蒼蠅的最高目標都是效率。動物死亡的方式最好盡量快、盡量安全。這不是在比賽或是表演，而是以務實的態度去取得蛋白質。沒有人會試著去向羔羊證明，自己的社會地位比牠高。宰殺大型動物確實是情緒強烈的活動（頭五十次會帶有澎湃情緒），但這樣的情緒不是關於自負狂傲、不是因為自己變成主宰者。這只是一份苦差事。

稍後將繼續討論。不過人類鮮少以這樣冷酷無情的方式對待同胞。若一個人冷血至此，他會殺人不眨眼，而且事後毫無悔意或猶豫。

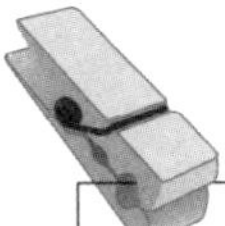

社會性與無社會性的界限分明，然而兩者卻可能混雜在一起。意思是：你永遠無法明確界定某個衝突是百分之三十社會性的，百分之七十無社會性的。但是你會看見為了社會性的報復而做的無社會性暴力；反之亦然。以犯罪為例，有些連續性侵犯或冷血殺手會跟朋友炫耀自己的暴行，企圖提升自己的地位。反之，有人每年都跟朋友去打獵，主要目的是維繫感情，吃肉只是次要目標。

戰爭是個有趣的案例。戰爭是極度社會性的暴力，因為它是團體之間的鬥爭，也是為了團體的利益。從歷史上來看，戰爭通常是為了爭奪資源，像是土地或戰利品，而這些則是無社會性的動機。

有戰爭就有殺戮，而無社會性的屠宰或獵殺的效率，非常適用於戰場。可是戰爭是人與人之間的對抗，很多軍人也會意識到敵人同樣是人類。

為了以社會性的方式處理無社會性的暴力，訓練軍隊時需要強化軍人之間的情誼。戰鬥的表現靠的是大腦邊緣系統壓倒性的反應能力，以及某種程度的生存本能。相較於害怕戰死沙場，軍人必須更加恐懼同袍被殺或是自己被視為懦夫。這就是社會性的動力。

以社會性壓力來驅動對同胞的無社會性暴力，可以讓大腦接受諸如戰爭及掠奪這些會造成認知不協調的事物。

所謂**他者化**（othering）是指說服自己相信另一個人和我們不同。一般而言，他者化的能力高低會直接影響我們以暴力對抗的強度。

在警察國家中，鼓吹戰爭或是大規模遊行都是為了拉攏猴子腦，也就是讓大腦邊緣系統相信敵人不是人，不像我們這些人，非我族類。

如果不能接受敵人不是人的想法，我們無法把其他人類當作動物那樣屠宰或獵殺。如果一個人真的深信敵人不是人，而不僅是被猴子腦牽著走而盲從的話，那麼他在殺人之後也不會有任何罪惡感。

不過那樣深信的人很少。看著一個人死去而真心相信他不是一個人，真的非常困難。

不過有些人真的可以做到。反社會人格障礙（antisocial personality disorder）描述的就是這樣一種人格，這類的人完全不在乎別人。幾乎所有暴力犯罪者都有某種程度的反社會人格障礙。極端的反社會人格障礙者甚至不承認其他人的存在。還有些人可能因為電玩遊戲帶來的情緒創傷而殺人。

他者化是一種技巧。初次犯罪的人必須鼓起勇氣說服自己之後，才能做出暴行。他會告訴自己他只是取走那些本來就該屬於他的東西，他只是拿回他應得的。又或者他會編織故事，告訴自己說那些受害者是壞人。

警察和軍人，尤其是資深專業者，會以行為來進行他者化。「這個人做了X行為，所以引發Y行動。」「如果我看見A事件，我將根據守則做出B來處理。」對軍警等執法者來說，這是一項重要技巧，可以避免過度反應（執法過當或是施暴）。因為以行為來作判斷，可以對事不對人，讓猴子腦退出決策過程。根據我的經驗，這樣的他者化還可以避免心理壓力過大，因為只要在執行任務的過程中有任何情感連結，無論是愛或恨，都會增加暴力事件的發生。透過行為來進行他者化，可以對敵人或威脅保持絕對的客觀，即便是必須殺了對方。

讓自己不被他者化也是一種技巧，在可能發生暴力衝突的情境下，這項技巧非常關鍵，可以降低危險程度（詳見第三部）。而以上所有資訊都是為了建立下述論點的背景知識：**你對衝突的反應受潛意識主宰，一切照著劇本走，而且往往著眼於團體。**

第二部

衝突溝通法則：回應衝突的方式

有多少次你在話說出口之後，才發現自己剛剛說的話有多傻？你曾經因為一模一樣的話而惹上麻煩？這一切都是衝突反應劇本惹的禍。

人類面對衝突所做出的自然反應是潛意識的，一切跟著劇本走，而且對團體有益。這樣的反應對我們本身或是衝突事件來說，未必是最好的做法。

衝突反應是可以預期的。然而，大部分的衝突反應模式難以察覺，就像悠游水中的魚兒看不見四周的水，我們也看不見自己參與的這場衝突遊戲。要看見這些不易察覺的事物，還要教別人怎麼看見它們，似乎很困難？其實一點也不。本書所探討的可不是什麼新鮮事，就算你不曾有意識地觀察整個衝突反應的過程，你一定也經歷過衝突吧。打個比方，冰箱鎮日發出轟轟的噪音，我們也不曾因此失眠；無時無刻充斥在我們身旁的事物，反而讓人不會去注意。

舉例來說，我認識的那幾對結婚已久的夫妻，每隔一段時間必定會吵架，而且通常吵的內容都一樣。他們絕對不是刻意要爭執的，沒有人會突然跟自己的太太說：「親愛的，我們每兩週不都會吵一次架嗎？現在來吵一下吧，就吵編號二的洗碗好了。」沒有人會故意這麼做，一切都是**潛意識**惹的禍。

從一些跡象中也可以看出衝突總是照著劇本進行。最明顯的就是，我們有時會意識到衝突即將發生：你清楚知道自己接下來會說什麼，也完全能預測對方會如何回應。你有沒有試過先離開一下呢？是不是彷彿有股拉力不斷把你捲回風暴中，強迫你把劇本走完。

我們永遠想不透的是：這樣做到底有什麼好處？連頭腦簡單的扁蟲都知道要遠離痛楚，如果吵架讓人不快樂，為什麼還是不斷發生？你不開心，對方也不高興，**那到底為何而吵？**

對人類腦來說，一再發生的爭執是未解的習題；但猴子腦認為，這樣的爭吵是一種穩定的跡象。對大腦邊緣系統而言，幸福快樂比不上平穩安定的生活。如果這五年來你每週都跟另一半吵一次架，猴子腦會認定你們的關係很穩定，畢竟連不開心的事也沒變！你可能不快樂，但是你們這個團體很安全。

你對衝突的反應由潛意識做主

某種程度來說，這樣的說法不太公平。其實不只是衝突反應，我們多數的思想、反應、甚至是信念，都不是有意識的。我們甚至無法察覺這樣的過程。

我們腦袋裡的話語是有意識的思考，它們是我們感受到的所思所想。但大腦裡還有很多其他的活動，現在如此、未來也是如此。腦袋裡跑來跑去的念頭就像是電腦螢幕上的文字，那只是千千萬萬個訊號處理中的小小一角。

如果有人羞辱你，惹你生氣，你的大腦會經歷什麼？被羞辱讓你很氣憤、覺得慚愧或想要防衛。這大概就是羞辱給人的感受。但到底是什麼先開始的呢？是對方說的話讓你覺得受傷？還是你自己「聽者有心」才覺得被羞辱了？到底是雞生蛋，還是蛋生雞呢？

這些都不重要。重要的是，在這整個過程中，意識完全沒有參與。在羞辱事件中，沒有任何有意識的決定。對方確實說了什麼，但你並未有意識地想說：「他這麼說是在暗示那件事，如果我沒有強烈情緒反彈，他的話可能會給我帶來麻煩。」沒有。實際的情況是：他說了什麼，你感受到情緒，而你很可能根據情緒就採取行動，或者至少在你好好想過之前，你已經表現出你的感覺。

從情緒的角度來看，這很容易理解。面對許多事物，我們會潛意識地就做出反應，有時候甚至是複雜的反應。稍後我們會再探討衝突的劇本，以下是一些明顯的例子。在任何長期的關係中，不論職場、親子或夫妻，雙方經常會陷入同樣的爭執，猶如壞掉的唱盤一樣不斷跳針：

「把房間打掃乾淨。」

「我沒時間啦，媽，我還要做功課！」

「為什麼你昨天不把功課做完？你整個週末都在幹嘛？」

「我昨天很忙。」

「你整天忙著講電話。快點給我打掃房間！」

「可是媽……」

「不要再找藉口了。」

或是：

「威爾克斯，我需要費雪的檔案。」

「我正在處理。」

「你老是說你正在處理，什麼時候才會好？」

「報告，再一下就好。」

「一下是多久？天啊，跟你講話好像在跟我五歲的孩子溝通。」

「老大，你說不煩我都聽累了。」

或者是警察執勤時常有的經典對話：

進行搜身後，發現對方口袋裡藏有安非他命。

「你可以告訴我這是什麼嗎？」

「報告警察大人，我不知道。」

「這罐東西是從你口袋裡搜出來的。」

「這件褲子不是我的，警察大人。」

這些都是一連串的互動。透過對話，以言語進行溝通。你心知肚明，這些互動會怎麼開始又如何結束，甚至你還知道會出現哪些字眼。

現在請想想，如果你每個禮拜都跟另一半、正值青春期的孩子或是員工爭吵一樣的事情，講一模一樣的話，這樣的溝通有用嗎？只要你多思考一下，就會明白這樣的溝通是沒有用的。

不過你選擇得過且過。最可能的原因是，你連一秒也沒有好好想過這些問題，只是放任自己跟著潛意識的劇本走。

人類對衝突的反應是由潛意識主宰。

你早有一套衝突反應的腳本

上述這些情況是日常生活隨處可見的衝突小劇本，不過這種劇本其實影響更為深遠。

在《沉思暴力》（*Meditations on Violence*）一書中，我介紹了所謂的「猴子舞」（monkey dance）。每個物種都有儀式性的支配行為，是雄性之間用來圈地或一較高下的方法。這種行為具有儀式意義和固定程序，目的也是控制傷害程度。

人類也有這種儀式，我稱之為猴子舞。猴子舞可不只是你想像的揮拳打架而已，還包括衝突一步步升高的過程。

首先是怒視彼此，接著是言語挑釁（通常會說「你在看什麼？」）。雙方你一言、我一語來回較勁。這時若一方道歉並表現出屈服的姿態，衝突就結束。

如果沒有人讓步，猴子舞將繼續，其中一方或雙方會越站越近。這完全是潛意識的行動，多數人會抬頭挺胸、踮起腳讓自己看起來不好欺負，有時候還會像公雞一樣來回擺轉，繼續以言語叫囂挑釁。

雙方拉近距離之後，道歉依然有效。一旦有人讓步，確認誰占上風之後，猴子舞就落幕。而其實衝突雙方都希望朋友可以介入把他們拉開，因為如此一來雖然地位高低不明，但是雙方都已經展現出捍衛地位及領土的意圖。然後他們可以相安無事共存在同個空間裡。

如果還是沒有外力介入或是任一方願意退讓，猴子舞就進入下一個階段：肢體碰觸。一開始通常是用手肘推擠或用手指戳刺對方的胸部。在某些文化中，雙方會試著拍掉對方的帽子。而在多數文化中，如果有誰用食指戳對方的鼻子，那就準備開打了。

下一個階段就是肢體衝突，不過通常並非技巧性的打鬥。我們看到的往往是雙方不斷朝對方頭頂或側邊揮拳，殊不知這樣的毆打方式其實對出拳者的手傷害更大。

要擺脫這樣的劇情，還有其他方法，我們稍後進一步討論。

即便是拳腳功夫訓練有素的人，也會落入同樣的模式——就算他們（的人類腦）明知這樣的打架方式很蠢。

羅伯特·特維格（Robert Twigger）在他的著作《憤怒的白睡衣》（*Angry White Pajamas*）中描述，有一天晚上，一群最高階的合氣道老師在他們的流派創始人辭世後，前往酒吧飲酒。當天聚會結束前，這群合氣道老師大打出手，朝彼此瘋狂揮拳、扭打在地。這些人可不是一般道場裡擺擺花拳繡腿的傢伙啊，他們可是負責教導東京鎮暴警察的老師。

另一個同樣危險的劇本是家暴：緊張狀態升高，失手動粗，接著是一段相對和平的時期。只有當局者看不出這樣的模式，每每劇本重演時還會感到驚訝。

這些衝突劇本由來已久，早在語言形成之前就存在了。連黑猩猩也自有一套處理衝突及侵略的方法：當地位較高的黑猩猩欺負另一個地位較低的同伴後，事後牠會特別花時間替對方理毛以示安撫。

靈長類如我們，如果上司對下屬做了過分的行為，事後必然會有彌補的舉動，也許微不足道、有些敷衍，但一定會有。這樣的舉動並不是因為他檢視自己的行為以後，產生了罪惡感，為了減輕罪惡感才做的。它充其量只是人類腦試著解釋猴子腦的決定與行動。尋求和解的動機其實不是為了減輕罪惡感。上位者欺負人之後想要尋求和解，不過是因為劇本還沒跑完、任務未完成，所以心裡覺得怪怪的。

許多男人到了晚年已經不記得自己小時候打贏了哪一場架、被誰痛扁一頓，反倒是對自己曾經逃離的戰役耿耿於懷。這與猴子舞的模式如出一轍。

衝突反應的劇本無所不在，涵蓋人類絕大多數的互動。就連「陷入愛河」這套劇本也有固定步驟與必要條件，而且是可以操作的。

「你好，我是比爾，」劇本就此展開。如果對方不報上姓名，雙方都會有種「未竟之感」。各位不妨試試看。

你對衝突（以及其他許多事物）的反應，其實都謹遵著劇本前進。

以維繫團體為優先考量

通常這些反應劇本對我們是有幫助的，至少沒有什麼壞處。閒嗑牙、問候交流，甚至是發發脾氣、抱怨一下自己也不是很懂的政治外交，諸如此類的行為像是撫慰人心的白噪音，顯示此刻風平浪靜。

然而，有時候劇本對個人並沒有任何好處：猴子舞結束時，你可能會被打到鼻青臉腫；即使面對恐怖情人，你依然無法轉身離開；基於幫派義氣，你替老大扛下罪責（這種忠誠很不可思議，卻屢見不鮮）。

夫妻吵架的戲碼往往也是劇本之一，就算吵了一百次依然無法解決問題。這種像跳針唱盤似的爭吵會讓人覺得很受挫。

這些衝突反應的劇本對你沒有好處，很多時候對任何人都沒有好處。難道在受虐的關係中，有人會高興又滿足嗎？在功能不彰的職場或家庭裡，有人會開心愉快嗎？即使我們知道目前這樣的方式行不通，我們還是不斷重蹈覆轍，一次又一次照著劇本走。

如果這套劇本沒有任何好處，我們為什麼要乖乖照做？

答案是：因為猴子腦相信，這樣做對每個人都好，對團體更好。

猴子腦認為，歸屬於團體是生存之必要，而且一個人必須知道自己在團體中的位置。一旦團體穩固了，不管情況多麼糟糕（舉例來說，受虐兒絕對稱不上在良好團體中享有良好的地位），都不能加以撼動；猴子腦害怕任何一點變化就會讓一切都跟著改變。對它來說，那跟死亡的威脅沒兩樣。

蜥蜴腦、猴子腦，以及改變

任何曾經逃離恐怖情人或是嘗試逃離但失敗的人，都會告訴你改變真的很難。即使我們身體裡的每個細胞都知道，現在就需要改變，不然悲劇將會發生，但是要跨出改變的第一步談何容易。

猴子腦害怕社交變化，它認為在巴黎聖母院受苦的加西莫多（Quasimodo）都比無處可去的加西莫多來得好。在《星際爭霸戰》中擔任紅衣船員，出場沒多久就領便當，也比無法參與演出來得好。在團體中被人當作笑鬧對象，總好過孤單一人。猴子腦就是這樣想的。人們需要強大的勇氣和控制力才有辦法從眼前的現實（即便是惡劣處境）走向未知的境地。

如果你想要幫助身處暴力或危險環境的人，你得瞭解一件事：蜥蜴腦比猴子腦更糟糕。蜥蜴腦只關心個人生存，如果它曾置身險境，它只會記得兩件事：一、我還活著；二、之前的做法保了我一命。

蜥蜴腦相信，倘若沒有按照過去的經驗走，等同是踏入未知的地雷區；面臨威脅時，它更是抗拒改變——其他做法或許更好，但是過去那一套能保我不死。

這就是為什麼受害者不容易擺脫受虐關係。曾經遭遇虐待的孩子，長大後往往會步入類似的處境。有時候當遭遇暴徒攻擊時，受害者不跑也不還手，只是重複說著一樣的話。蜥蜴腦的這個特質也可以解釋為什麼浪子很難回頭。蜥蜴腦跟猴子腦都害怕改變，所以人若想要做對的事情，可是需要非常強的意志力。

這些反應的劇本可以帶來穩定，對團體有利。你和另一半總是吵一樣的事？你的人類腦對於無法解決這個問題感到頭大。你的猴子腦卻覺得安心：如果我們這五年來一直吵一樣的東西，表示這段期間沒有什麼大改變。一切妥當。

這些劇本到底在做什麼？它們主宰猴子腦關心的事情；它們也處理了社會需求層次中大部分的人際互動。

我們腦袋裡的反應劇本設定了階級。猴子腦喜歡階級與角色分明的世界，它要知道在什麼情況下將由什麼人當家作主，就像小孩子遇到不同問題時知道要找哪個大人解決。而孩子轉學的壓力，主要就在於必須重新認識新的階級。

我們腦袋裡的反應劇本建立了團體認同。當你無法界定或認同團體時，你就沒有團體的歸屬感，而這會讓猴子腦驚慌不已。團體的認同感並非來自成員做了什麼，而是他們是怎麼做的，以及使用的象徵符號或敘說的故事。歷史上所有人類團體都必須運送水，所以運水這個行為本身並不會賦予團體任何特色，但運水的方式則會：他們是用皮袋運水，還是用編織緊密的籃子或水桶運水呢？而這些桶子或籃子有沒有裝飾、如何裝飾？這些特色就會形成團體的認同。

不同部落必須有不同的規則，這一點很重要。各宗教之間尤其明顯。宗教是個非常敏感的議題，我向來小心處理。大部分宗教的道德準則都是基本常識，畢竟要讓一群人和諧相處，方法其實大同小異，像是友善、誠實、不偷不搶。因為常識本身差異不大，無法建立文化認同，所以必須加以包裝才顯得特別，例如飲食限制、祈禱時程、特殊服飾、梳妝規定等等，都能賦予團體獨一無二的特色，而且還會有特別的規則來維持這些特色。

你可以遵照聖經中所有的道德倫理過生活，但除非你相信「神人」曾誕生於這個世界、被釘在十字架上、並在死後三日復活，否則你稱不上是個基督徒。反過來說，如果你相信了，就算道德倫理只是掛在嘴上說說，你還是個基督徒。

我們明白一個完整融洽的團體會比分裂混亂的團體來得容易生存。強烈的文化認同是很有力的生存特質。數千年來，猶太人遭遇各種滅亡威脅，但是他們擁有強烈的認同感，所以依然存續興旺。巴比倫人呢？亞述人呢？

要知道，人終究一死，但團體可以永續。缺乏連結共識的團體很容易被征服、消滅或奴役。而團體的標記絕不是人云亦云，否則無法區分我們和他們。

美國黑幫 Crips 和 Bloods 的差別是什麼？不管是見到紅頭巾就殺，還是遇上藍頭巾就砍，重點在於他們願意誓死為團體的象徵效忠。如果有任一方不願意為此殺戮（因為理性），他們可能就會被消滅或吸收，整個團體就此潰散。

對某些事情來說，因果律並無意義。一個人具有某項特質，究竟是環境所致，還是生來如此？如果生存的唯一方法是X，所有的生存者就會有X，不論是與生俱來還是經學習而來都不重要。

因此，相較於實際的事物，人們更常為象徵或理想而犧牲。若有人質疑這些認同特質，猶如直接的一擊，不只攻擊了個人，還包括整個團體或家族。

我們腦袋裡的反應劇本建立並維繫團體規則。每個團體都有其社會規範，也就是人際互動的原則以及行為的準則。這些規則很重要，因為它們定義了一個團體。不同團體維護規則的方法也不同。這些都深受該團體的社會經濟階級、文化以及功能所影響。

無論是策略小組或幸福家庭，一個運作良好的團體，其成員都會相信團體的基本目標，認同團體規則以及規則的價值。若規則遭到破壞，通常只是一時疏忽或是特殊情況所致，而違規者往往也只需要善意提醒。

好比說，當我兒子開始跟他媽媽起爭執時，我會對他挑個眉。他愛媽媽，只是需要有人提醒他不要越線了。看到我挑眉提醒，他會道歉，問題就解決了。這也是一種劇本。

而在成效不彰的團體，也就是成員對規則不買帳時，狀況就不一樣了。因疏忽而造成的違規比較少，更多是為了挑戰階級或規則本身。階級較高或是負責維持規則的人，會懲罰犯錯的人。這樣的懲罰一方面是讓成員更願意乖乖配合；另一方面也是一種警示。

懲罰越是嚴峻，代表這個團體越是失能，或者統治階級越是害怕失勢。

團體成員的意願是有效矯治行為的關鍵。如果違規者真心相信團體的規則，簡單提醒就綽綽有餘。

倘若有人挑戰團體規則，要注意的是「質」而非「量」的差別。當一個暴力犯被貼上不法之徒的標籤，提醒和諮商對他而言可能根本無關痛癢。對這類人來說，

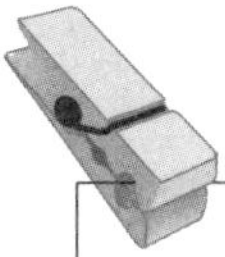

懲罰程度太低反而會讓他幹下更多壞事。

有人選擇將整個世界他者化。要矯正這種人的行為，重點恐怕已經不是設法讓他看見自己的錯誤，而是全然不同的挑戰。

這些反應劇本不只懲罰違規犯罪，也會建立所謂的正常標準。意思是，有人表現得太好時，它也會出手干預。

若你曾經從事高風險的工作，或許你也注意到最優秀的工作者反而最常被叫進長官辦公室，解釋自己為什麼做得那麼好。常搞砸的人還沒那麼常被點名。

大部分的人會認為，這就是一種矯正，一種懲罰。領導有個原則是「公開表揚，私下批評」。既然你被叫進辦公室，就是私下批評，可見是懲罰沒錯吧。所以你應該是做了什麼讓上級覺得不對的事。而如果你只是表現得太好，那就表示表現太好是不對的。於是你的防衛心變重，心想「同行相妒」，你的優秀會害得其他同事顯得差勁。

這種情況不限於警界，其實隨處可見。軟體和科技業也會有類似情況；高度遵守工作倫理的研究者及維修人員也會遭遇類似情境。

然而，這跟懲罰沒有關係。本書後面會繼續討論不同類型的團體，但現在你可以先理解的是，長官把人叫進辦公室的主要目的是希望：以最少的改變來維繫團體。這不是領導的任務，然而這麼做的意義更深層。在任何大型組織中，組織的存續是領導階層的工作——不只是生存，還要限制改變。

一旦你的表現引起注意，不管是因為好事或壞事，就會被叫進辦公室。這不是懲罰，甚至也不是要你改變。這單純是一種表態，藉以確保兩件事：一、你是團體一員；二、你瞭解自己在團體中的定位。

就這麼簡單。團體中的拖油瓶可能會對團體造成許多傷害，他們需要不時的關切：他們瞭解規則跟常規嗎？他們真的接受這些規則呢？如果是的話，那麼他還有救。

當然，總會有人離開團體。他們脫隊了。改變發生，而對猴子腦來說，所有的改變都伴隨風險。如果離開的是資淺成員，影響有限，他可能只是想要增加個人價值往上爬罷了。這符合常見的模式，是一般的劇本。但若是資深的優秀成員離開，而且他並沒有向上爬的衝動，這就並非常見的模式。他會不斷被叫進辦公室，目的不是懲罰，也不是騷擾，就只是因為太不合理了。對於重視階級與地位的人來說，更是無法理解。而這麼做是一種態度確認，大概就像狗兒們見面時會嗅聞對方的屁股那樣。

以上這樣的反應劇本可以避免成員脫離團體及預防嚴重暴力，從而限制改變的發生。

舉例來說，猴子舞不是嚴重的暴力，很少有人會因此喪命，若有也通常是意外。讓衝突的發生照著劇本走，可以有效降低可怕的暴力。沒有任何實質的東西可以阻止一個人像獵殺鹿或是屠宰羔羊一樣傷害其他同胞，真正阻擋我們的是內在的力量，包括心理及社會層面的力量。

這些衝突反應劇本有沒有失靈的時候？當然有，本書後面的附錄一將有所著墨。

這些反應劇本不是為了個人，也稱不上完美。它們只是從史前時代開始到有歷史記載以來，持續不斷地運作著，讓大部分的人可以存活下來。它們大致上是有用的。

薩格與獅子的故事

很久很久以前，你的一位祖先和其他十五個人坐在熱帶草原上，男女老幼都有。他拿著一根棍子往木頭下戳，看能不能找到螞蟻蛋。突然，薩格從灌木叢中衝出、大聲尖叫，爬上附近最高大的樹。

你的這位祖先或許也跟著拔腿就跑吧，畢竟情緒是會互相感染的。

烏格是全部落公認最自以為是的人，他覺得落跑一點都不酷，所以決定待在原地看看薩格是被什麼追著跑。就這樣，烏格是第一個被獅子給咬死的人。

部落裡兩個年輕的男子麻麻及羅羅抓起木棍就往薩格逃離的事物衝過去，連要對抗什麼都不知道。部落的人都認為麻麻跟羅羅雖然不是很聰明，不過有時候還滿管用的。要是兩人大難不死，回部落後必定有好事會送上門來。

這很重要，因為要是沒有愚蠢的自以為是者或魯莽的蠢蛋，有多少人可以活命就很難說了。男人跑步和攀爬的速度比女人快，女人又比孩童快。要是沒有一些男性犧牲，女人和小孩都得受死，整個部落會被消滅，最後整個物種都要滅絕。

魯莽的蠢蛋通常有繁殖權（從拯救公主的故事到現代的動作冒險片，這一點從古至今沒變過），這是因為往後還需要更多有勇無謀的人繼續犧牲啊！

在熱帶草原上，衝突反應的劇本對於物種生存的貢獻顯而易見。從人類出現以來，這些劇本的動機以及許多面向變化不多，有些仍然奏效。我們確實需要有自投羅網的犧牲者。

不過現在我們可以有稍微多一些像烏格這樣的人，先好好觀察情勢，再決定要不要驚慌竄逃，畢竟現代生活中，驚慌往往無濟於事。當代世界裡，對於我們所感知到的危險（癌症、生態危機、國際要犯），我們通常有充足的時間來蒐集資訊，做出有意識的決定。

儘管猴子腦有時比較喜歡恐慌的感覺。

跟著猴子腦的衝突反應劇本走

為什麼我們會重複搬演不是很好的劇本？

第一個原因是，我們很少察覺這些劇本正在上演。它們是由情緒啟動，比我們的意識和想法還要快出現。常常是我們已經跟著劇本走了，或是劇本都已經跑完了，我們才發覺自己剛剛做了非常愚蠢的事。

有多少次你在話說出口之後，才發現自己剛剛說的話有多傻？甚至可能幾個小時、幾天之後才驚覺？或者說了之後你才想到，自己過去曾經因為一模一樣的話而惹上麻煩？還是沉澱回顧後，你才看出自己一再重複愚蠢的行為模式？

這些都是劇本惹的禍。它會把自己偽裝成理性的反應，而這正是我們不易察覺劇本的第二個原因。我們不是在對話嗎？對話總是要經過思考的吧？

其實我們真的可以不假思索地對話，如同就算沒有聽對方在說什麼也可以對話一樣。更準確來說，你在對話的時候可以只有部分大腦在活動，而且是反射性地跟著劇本在走。

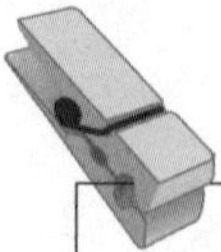

雖然我接受猴子腦及蜥蜴腦是我的一部分，但我不喜歡那些劇本，因為覺得自己好像被操縱的玩偶一般；就算是被我自己操縱，我還是討厭這種感覺。一旦看見劇本的存在，你就可以選擇從人形玩偶進化成表演者，按照宇宙法則行動。

第三個原因很重要也很明顯，那就是我們會擔心別人怎麼想。而這一點經證實是很蠢的事。

「明明是他的錯，為什麼我要道歉？」我們常常可以聽到這樣的對話。我聽過少數警察說他們絕對不向罪犯道歉，也聽過管理階層說絕對不向員工道歉。之所以會有這種想法，是因為害怕道歉會顯得軟弱或屈服，也害怕自己被追究責任。但「對不起」這三個字很簡單吧？不就只是表達同情與理解，就這樣。

道歉為什麼很困難？這一切其實都是猴子腦在搞鬼：「我不想道歉，因為那樣看起來很遜。」真的是這樣嗎？害怕自己看起來很遜，會讓我們**否定真實狀況和自己的體驗**。

這種爭執場面我們都見過。我們都曾經作為「看起來很遜」的見證者。但事實根本不是他們想的那樣。我們看見的是兩個不理性的人。而先道歉的人，顯然才是比較聰明且成熟的人那一個，是有主控權的人。合理、及時、真誠的道歉，可以獲得尊重，並非丟臉。

你一定常常見到這樣的狀況，你明白這種現象。而如果另一方把道歉當作示弱，不斷挑釁，拒絕接受道歉者釋出的善意，或是要求道歉者繼續低聲下氣，這麼做只會讓旁觀者認為他是個混蛋。

我們都曾經作為旁觀者，也就是那些我們害怕他們會覺得我們很遜的人。我們知道事實如何。然而，猴子腦還是叫我們害怕他人的看法，即使我們知道他們根本不會這麼想。控制我們的並不是別人的想法或看法，而是我們**想像中**別人的看法。那些想像顯然有誤，經證實也經常是錯的。你要讓這種錯誤的想像控制你到什麼地步呢？

作家及藝術家常提到所謂**內心的糾察隊**（inner critic），也就是每個人腦中那個批評的聲音，不斷批評自己永遠不夠好，也別痴心妄想會有夠好的一天。這個批評聲正是猴子腦在作祟，它試圖防堵一切改變。

一個女孩被別人品頭論足或是瞄了一眼，她年輕氣盛的男友舉起拳頭捍衛女友的名聲，但他真的是因為女友的感受才這麼做的嗎？他有問過她嗎？女性看待暴力的方式與男性不同，也不是男人以為女性會想的那樣。

當然也有女性會對暴力感到興奮，甚至為了刺激感故意製造衝突戲碼。請遠離這種人（可惜的是，真的需要這麼做的人卻聽不進去）。但大部分的狀況並非如此。電影《俠盜雙雄》（*Support Your Local Sheriff*）傳達過這樣的訊息：男人認定是「懦夫」的行為，在女性眼中正是成熟的表現。

我們內心的糾察隊，也就是對於想像中的批評所產生的恐懼，是一股強大的社會控制力量。它會讓你不敢脫離原本的社經環境、不敢超越父母的成就、永遠無法完成你想要寫的小說、拿不到學位或各種榮譽。它的存在是要確保團體無須為你調整，把你留在團體裡，固定在同一個位置上。這是你想要的嗎？

內心的糾察隊

我就假設本書的讀者有大半數都想成為作家或藝術家，手邊正在寫書或寫劇本，或是畫畫或譜曲子，不過沒有多少人真的會把作品寄給出版社。

你腦子裡的聲音是怎麼跟你說的？它是不是說：「這作品不夠好，一定會被拒絕，你會很丟臉。」

真的是這樣嗎？

如果你把小說寄給出版社，會怎麼樣呢？別說是小說好了。假設你寫的很糟糕，甚至是草草寫在放酒的杯墊上，再用紙箱寄給世界上最大的出版社，實際上會發生的事情如下：

你會收到一封制式回函，內容寫著：「謝謝您將作品寄予本公司。很遺憾您的作品不符本公司目前的需求，若將來有其他作品，期盼您再次不吝分享。」

這樣很丟臉嗎？如果你讓朋友看到這封回函，你會覺得羞愧不已嗎？還是你的朋友會說：「我從來不知道你這麼有創意，天啊，你真的把作品寄出去了？我都沒有勇氣這樣做。幹得好！」

猴子腦大聲嚷嚷著不要或不好，但實際情況可能正好相反。

所以猴子腦到底在怕什麼？它怕的是另一種回覆，信上寫著：「您的作品非常棒，我們希望可以和您簽下三本書的合約，預付十萬美元，還有讀者簽書會。」

這樣的回函會改變你的人生，而猴子腦討厭改變。不過它也沒那麼笨，它知道如果說：「別寄出你的作品，否則你可能會功成名就。」那麼沒有人會笨到不把作品寄出去。於是它改用另一個角度說服你：「這個作品不夠好，你會被人取笑的。」

記住一點：你的大腦會欺騙你，在背後捅你一刀、設法搞破壞，藉以避免**任何的**改變發生。

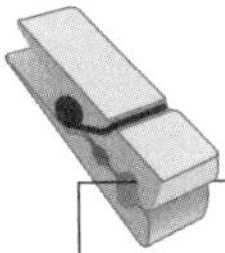

照著劇本過日子其實也沒有什麼錯。通常劇本的運作效果良好。如果你覺得很安心也很愉快，還能解決各種問題，那就好好享受這些劇本吧。

然而，現在你已經開始能夠察覺過去你看不見的那些衝突反應的劇本。它們無孔不入又強大無比，一旦意識到它們，你很容易反應過度，認定它們本質上就是有害的。不是的。學習看見它們並控制它們，你可以讓事情變得更好。

還有一個讓我們傾向照著劇本走的心理機制，就是我們會為自己的行為找理由。我們會去解釋自己的行為。大腦具有解決問題的能力，也花費很多精力在編織藉口。當我們面對選擇時，人類腦還在猶豫評估中，猴子腦早就已經做出了決定，接著它會帶著人類腦朝它決定的方向走，讓人類腦負責解釋為什麼這樣的決定是對的。

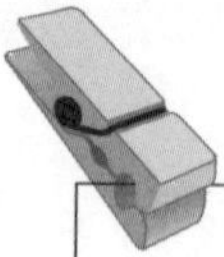

數十年前，在一個大學部的心理學課程中，我們看過一份報告。當時有關左右腦的研究仍是熱門主題。在那份研究報告中，實驗者給受試者一整排的襯衫，告訴他們說現在要進行市場測試，每件襯衫都來自不同製造商，請受試者從中挑出品質最好的一件。

每位受試者都挑了一件，而實驗者想知道的是他們的決定是來自左視野或右視野。最令我驚訝的是，那些襯衫明明都一模一樣，但諸位受試者卻都能說出一番道理，解釋為什麼自己手中這件是最好的。

你是否經常看見人們做出顯然錯誤的決定呢？在大部分情況下，決策者都能解釋得好像他的決定是經過理性周延的思考。這一切其實都是猴子腦做的決定，而人類腦只是負責在事後編造理由。研究發現，在我們意識到自己做出決定的十秒鐘之前，大腦就已經釋放出決策訊號。

如何妥善運用人類腦

蜥蜴腦善於避開被掠食者獵捕的命運，而猴子腦則善於處理部落生活的人際問題。

現代生活有專屬於現代生活的問題，人類腦需要高度運作才能夠處理政策、法律、電腦以及開車等等疑難雜症。相較於猴子腦和蜥蜴腦，人類腦演化得更能夠解決問題，也更有智慧和可運用的資源。人類腦的運作是慢了點，但是它可以解決猴子腦拖延不處理的社交衝突，或是蜥蜴腦嘗試以忍耐來解決的生存問題。

要運用人類腦，你必須學會：

- 意識到衝突反應劇本上演了
- 判定那套劇本是否對當下的情況有幫助
- 決定要跟著劇本走或者轉換劇本，或是拒絕任何劇本
- 不管採用哪種方法，檢視成效如何

首要任務，是讓自己冷靜下來！第一步絕對是先斷開猴子腦的控制，如此一來你才有辦法運用溝通技巧或是以邏輯來思考。衝突反應的劇本往往能緩和緊張關係，但是不會有任何實質的溝通發生。

意識到衝突反應劇本上演了

我們必須經過大量的練習，才有可能擺脫大腦反應劇本的控制。這套劇本啟動的速度遠快於有意識的思考。我們就這麼掉入劇本的情節裡。正因如此，我們要培養的是如何意識到劇本正在上演、它什麼時候會上演，以及猴子腦什麼時候會取得主控權。

積極聆聽（active listening）（見第三部第二節）可以減輕猴子腦的威力。積極聆聽的技巧本身並沒有辦法預防情緒反應或阻止我們發脾氣。然而，在聽和說之間暫停思考一下，可以避免我們做出不經大腦的回應。

在學會察覺劇本之前，我們依然會不斷被劇本困住，但是這種觀察的能力是熟能生巧的。

以下是猴子腦掌舵時，你會察覺到的跡象：

- 出現強烈的情緒
- 開始對對方產生喜惡之感
- 焦點從解決問題轉移到證明自己是對的
- 怎麼做變得比做什麼重要
- 開始貼標籤
- 找藉口並正當化自己的行為

出現強烈的情緒。這表示你已經被猴子腦給綁架了。憤怒是最明顯的指標，因為憤怒是個人的事，也是猴子腦掌管的事。當你感受到任何情緒時，就是大腦邊緣系統正在運作。

在我們整個衝突反應的訓練中，最顛覆的概念就是：如果你在乎一件事，你就沒辦法做出好的決定。我希望這不是真的。但如果你在乎、感受到強烈情緒、對目標充滿熱情，那麼你的大腦中真正可以做出理性決策的部位就無法正常運作。

這就是為什麼醫生不能替自己的孩子動手術，警探也不得調查手足被殺的案件；當然，好萊塢電影除外。這不只是自家人幫自家人的問題而已，更是因為手術跟辦案都需要智慧和良好的判斷力，而情緒會阻礙智慧及判斷力。情緒會讓人變得愚蠢，也會把大腦中聰明的那一塊給關掉。

開始產生喜惡之感。猴子腦是情緒中樞，也能平衡團體內的關係，而這正是社會劇本的主要目的。不論是好或壞的感受（「他真是個渣男」或「哇！她好可愛」），猴子腦只想著地位、配對或是其他的社交問題，真正該解決的問題反而會被晾在一旁。

焦點轉移。管理學有個老生常談：如果團隊不在乎由誰居功的話，它將無所不能。我們的訓練有個前提是，你願意和別人一起解決問題。然而，如果現在的重點不是怎麼解決問題，而是證明自己才是對的，你就開啟了猴子腦的地位爭奪戰。從經驗來看，如果你只想著解決問題，不在乎誰能居功，那就是運用人類腦在思考。當功利的成分越多，猴子腦的影響就越大。

若你能好好運用人類腦，這個概念會成為強大的武器。想要讓老闆支持你的企劃嗎？那就設法讓他能夠從中居功：「您在年度會議上提到一個重點，激發了我的靈感，您要不要聽聽看您給我帶來什麼好點子呢？」

怎麼做比做什麼重要。就這一點來說，觀察別人比檢視自己容易。如果眼前明明有個比較好的方案，卻有人力挺過去的做法，他可能就是在捍衛團體認同。

就此，有三個面向可以探討。其一是傳統的力量，或單純的習慣。一九五〇年代，美國陸軍的制服看起來就像廉價西裝；籃球濫觴之際，大家是穿著內衣在打球的。改變任何運動規則時，總是會有人反對，即便是能夠預防受傷的提案也會遭到異議。

其二，正因為改變令人抗拒，所以新官上任時常常會施行變革藉以宣示主權。猴子腦發達的人如果位居要津又缺乏安全感的話，他會想要設法證明自己的力量，方法之一就是推動變革。

其三是以枝微末節的事來分散注意力。我的朋友曾說，每次警方要成立新的專案小組，第一件事就是設計臂章。花在「服裝配飾」上的力氣，大可用在更重要的訓練上。

以上是從團體的角度來看，而若從個人的角度，我聽說新婚最大的三個壓力源是：捲筒衛生紙是由上往下捲，還是由下往上捲；牙膏是從中間擠，還是從尾端擠；聖誕禮物是要在平安夜拆，還是留到隔天一早再揭曉事實上，這些事都不是重點，重點是追求快樂的婚姻生活。捲筒衛生紙照我的方式捲，婚姻也不會更美滿。如果能意識到上述這些細節根本不重要，婚姻才會幸福。

開始貼標籤。貼標籤和情緒化是最容易察覺的兩個猴子腦跡象。何謂貼標籤？它是猴子腦將對方他者化的方式，把對方視為不同群體的人。而目的是給自己找藉口，不用再聽對方的話。如果我們把某個人歸到某個類別，比如說：「她不過是個祕書。」或「對於＿＿＿（貶抑稱呼）的人，還抱什麼期待啊？」這類想法都是在貼標籤。不論是使用輕蔑的稱呼，或是批評怪罪，這麼做都是在貼標籤。猴子腦藉此假裝對方不是自己人，沒必要跟他有任何交流。

找藉口並正當化自己的行為。這一點我從來無法在當下就意識到，只有在回顧許久以前寫下的文字，或是朋友明白對我指出時，我才會察覺到自己正在找藉口或是合理化自己的行為。我們都是團體的一員，各有關係和歸屬，這些關係和歸屬可能來自工作、政黨或運動團隊。我們傾向正當化自己這一方的行為，貶低他方的作為，即使大家做的事情其實都一樣。

很久以前，在一份地方小報上，同一天的報紙裡有兩個頁面分別引述了兩位總統候選人的話。恰巧兩位候選人說的話一字不差。但小報在報導其支持的候選人時，形容他的言論是「深思熟慮、拿捏得當」；而另一位候選人明明說的話完全相同，卻被批評是「惡毒、無端興浪」。

對於身分認同與你一致的人，你自然會向著他。這時候就是猴子腦掌控決策的警訊。這麼做可能對你有益，但千萬不要誤以為自己是理性思考。

如果這樣還講解不清，請再看看下面這個例子：你的好友從各個角度抨擊小布希總統的政策，洋洋灑灑列出這些政策為何漏洞百出；而當歐巴馬延續小布希的部分政策時，他卻從各個角度讚揚這些政策。可別花太多心思探討這個案例，重點是這種過程，你要學會看見猴子腦的訊號。

一旦你感受到情緒，就代表大腦邊緣系統正握著方向盤。這表示有解決問題能力的大腦新皮質並未參與決策。一旦猴子腦啟動，從生理上來說，人類就無法做出好的決策。猴子腦握住方向盤時，大腦可以做出理性決定的部位可能坐在後座吧！

反過來說，如果你啟動了一個人的猴子腦，那麼所有的事實、資料、證據都沒有用了，因為他的腦子裡在意事實證據的那個區域已經被關閉。

從生理上來看，只要你在乎、產生情緒，就無法做出理性決定。誰都不例外。

如果你很同情某個人，你是在回應社會關係，而不是解決問題。即使這個問題是一種社會問題，猴子腦還是會以情緒來理解現況，而不是以人類腦的方式來處理問題。

如果團體中的每個人都在意誰能得到好處，那麼你要競爭的不是目標而是地位，而社會地位正是猴子腦最要緊的事。如果你只關心怎麼做而不是做什麼，你就只是在保護團體的認同。

不論是貼標籤、他者化、去人格化，或是創造「我們與他們」的對立，此時你已經不是在解決問題，而是進行團體之間的戰鬥。你可能會破壞計畫、甚至犧牲自己，只為了「贏」得想像中的比賽。

有人會說：「你的意思是，如果有個人是徹頭徹尾的混蛋，所有認識他的人都認為『他真的是個混蛋』，而若要你列出一個混蛋的標準的話，這個人的行為也完全符合清單，結果我們卻不能說他是個混蛋？」

絕對不是這個意思。意思是說，一旦你將某人視為混蛋，就算只是在腦子裡這麼想，你的腦袋裡可以操縱或影響對方的那個部分也已經關機。那個人是不是混蛋不是重點，重點是貼上這樣的標籤對解決問題沒有任何幫助。

一旦你發現自己跟著劇本走了，這代表什麼呢？這表示此時你的行為是由潛意識控制，而且你可能會採取不理性的舉動，必須謹慎為宜，衡量狀況後再做出決定。

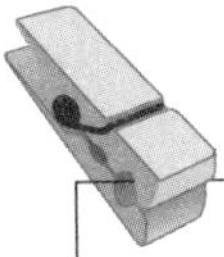

想想你曾經做過最蠢的事情。回想一下，當時你做了什麼會讓自己後悔一輩子的事情，或說了什麼蠢話？

現在，用最客觀、最不帶情緒的角度思考：如果你試著引起一群黑猩猩的注意，是不是最蠢的舉動反而效果最好呢？

回答上述問題之後，你就會明白猴子腦之所以稱為猴子腦是有其道理的。我們照著本能行事，但是這個本能在遠古時代管用，可不一定適用於現代社會。

判定劇本是否對當下的情況有幫助

劇本的特點是，我們可以知道大部分的結局，不論是酒吧叫囂衝突、床頭吵床尾和，還是董事會上針對瑣碎細節吵個沒完沒了的情節。

一旦你發現自己進入劇本，請停下來深呼吸，想想它都是如何上演的，再做出決定。這套劇本的結局是什麼？我想要這種結局嗎？

「晚餐要不要去外面吃？」

「好啊，你想去哪裡吃？」

「我沒差，你想吃什麼？」

「都可以，給你挑。」

很熟悉的對話吧？不論是跟另一半、好友或任何人，我們都知道這樣的對話會有什麼結果。在有些互動關係中，這個套路要上演好幾次才會有人做出決定。大部分情況下，大概跑完兩輪之後，最初提問的人就會說：「我聽說有間新餐廳，感覺還不錯。」一切就是這麼容易預測。

如果劇本是好結局，你大可以直接說：「你看吧，雖然你剛剛那樣問，但其實你已經想好要吃什麼了。那為什麼你不一開始就說要去哪裡吃？」但如果你這樣說，結局通常不太妙。記得，猴子腦喜歡照著劇本走，這樣它會比較舒心愉快，而它若開心，關係就會快樂和諧。不要為了省個二十秒，卻讓猴子腦不開心。

如果劇本的結局不佳，你可能會想要換個方式互動。

媽媽：「泰瑞，老師今天打電話來。你要不要解釋一下發生什麼事？」

倘若照著平常的劇本走，泰瑞會先否認發生過的事，然後雙方開始互相責備，最後泰瑞被罰禁足。所以如果你是泰瑞，可能會想換個方式處理這種衝突吧。

劇本對你有益時，就好好運用它。它之所以存在，主要的原因是降低社交壓力。而當劇本無益時，只會讓你分心並忽略實際的問題，或是將你帶到不想要的局面。這時候你需要決定到底要不要跟著劇本走下去。

轉換劇本或是拒絕任何劇本

實際上，我們有三個選擇。許多劇本都有各種發展的可能性，你有選擇的機會，你可以選擇劇本的走向。

暴力者經常使用的劇本，就是透過發飆大吼來恫嚇別人；而他可以預期有三種反應，由此劇本也有了三個走向。

最常見的是，大家會刻意忽視他，盯著桌面或地板，避免與他有目光接觸，以免惹禍上身。在這種情況下，如果他沒有刻意要搶劫或侵害誰等目的，光是看到大家縮頭縮尾的，就足以讓他自我感覺良好。

劇本二，通常會有人試著安撫他，叫他冷靜下來。若是安撫得當，他通常會在更用力的嗆聲後，轉為怒目相視之類的行為。在街頭乞討的人時常利用這個技巧，他們並未直接以言語威脅人，但這種行為可以稱為強行乞討（aggressive panhandling）。這種狀況在學校也常發生。

如果安撫者並未顯得擔心害怕，只會讓暴徒更大聲叫囂以試探反應。如果現場其他人顯得滿不在乎，他通常只會一邊離開、一邊撂下幾句狠話。

劇本三，有人以同樣的粗暴言行回敬他，這就開啟了標準的猴子舞情境。

同樣的起點，三種不同的劇本，全都是可以預期的結果。

所以你要問自己的第一個問題是，如果你注意到自己正照著劇本走，而且你不喜歡這個走向的結果，你有沒有機會翻轉劇本，改變結局？

第二種選擇是直接換一套劇本。每個劇本裡都有特定的角色，有時候角色之間是相似的。例如，猴子舞中的角色就可以互換。不過在大部分情況下，角色還是有差別的。

一種常見的戀愛劇本是「拯救」。其中一人曾經慘遭背叛或虐待，現在他依靠著另一個伴侶，而這位被依靠的伴侶也想成為英雄，保護所愛不受傷害。但這樣的關係很快就會變質，不只是保護愛人不受傷害，還讓愛人無須承擔任何後果。對被拯救的公主來說，這段感情成為她的舒適圈，在舒適圈裡她很安全、不用成長、不需茁壯；這樣的感情不久就會發展成依賴的關係——曾經的受害者無法獨立存活，而拯救者也從保護者的角色中找到身分認同。

這樣的劇碼很常見，這樣的關係也很不正常。另外一種反劇本（counterscript）是這樣的，悲劇女主角的心靈導師會對她說：「我要的不是情感依賴，我會教妳如何變堅強。」有趣的是，通常這位心靈導師會被拒於門外。公主壓根兒不想自己變堅強，她只想不斷被人拯救。

要拒絕這種劇本很簡單，只要遠離這樣的人或是告訴他說可以幫忙提供其他資源。像我就最喜歡這樣回答：「我妻子善於提供這類建議，我介紹你們認識一下吧。」

劇本會有角色，但角色與個人無關。好比說，老師的角色是要教導學生，如果有人扮演老師，就一定會有人扮演學生。如果沒有人扮學生，這位老師必然會改變角色，或許是母親、父親或朋友。而如果有潛在的學生人選，他可能會強迫別人扮演。至於誰扮演老師或學生並不重要，這個師生劇本需要的就是一個學生，是吉米、是我、是你都沒關係，只要有人可以填補角色就足夠了。

沒有下屬就不會有上司，沒有受害者就不會有罪犯。受害者應該要害怕、沒有防備，並且擁有值得罪犯奪取的東西。**特質**很重要。只要符合這些特質，受害者是誰（姓名、身分、其他性格要素）無關緊要。

上述這些資訊很重要，因為我們向來的訓練和直覺都告訴我們：當衝突升溫時，一切都是針對個人的。彷彿一切都是衝著你來的，情況可能會演變得更加危險。但其實衝突並非針對任何個人，只不過是猴子腦需要如此相信罷了。

如果你可以理解這個概念，明白對方只是陷在劇本的角色中，你就有機會在衝突中保持冷靜，擺脫自己的角色束縛。

這也帶出了一個技巧。角色、原型及刻板印象多不勝數，任一種都可以在劇本中運作無礙，也都有其種類及細微差異。身為老師，我可以是個嚮導、人生導師或講者。而如果他人扮演老師，希望我扮演學生，我也可以選擇不同的演出細節，不論是同事、夥伴或批判者。

如果有人挑起衝突，你可以選擇回擊，進入猴子舞的劇本。或是你也可以選擇不同的處理方式，扮演教官、牧師、父母、自願或非自願的受害者。上述各種角色都會開展出全新的劇本，把衝突帶往不同的結局。

我在矯治體系中負責處理難以應付的犯罪者，我的部分任務就是控制他們的行為。要控制他們的行為，我可以選擇的角色很多，可以訴諸威權、可以是敵人，也可以當朋友，而我的做法是時常問自己：「如果我喜歡這個人，我會怎麼跟他說？」

這個技巧對多數人來說很難，因為我們經常會陷在自己的身分認同中，不願意改變。我們以為如果靠扮演別人來獲得勝利，這個勝利也是假的。

現在請告訴我，這樣的傾向是理性的決定，還是猴子腦在作祟？

你可以做個實驗：如果你與某個人意見不合、爭執已久，下一次又吵起來的時候，告訴自己不要以你的方式吵。試著想像自己是某位朋友、叔叔伯伯或德蕾莎修女，任何人都可以，看看劇本會如何變化。

想要中斷劇本，一定要完全抽離，這可不是一件容易的事。這些劇本存在於潛意識裡，往往難以察覺，但是從開始到落幕，它們都有既定的模式。如果沒有照著劇本走完，我們常會覺得好像哪裡不對勁、哪裡不夠，就像出門時忘記關瓦斯一樣。這就是所謂「未竟之感」（unfinished business feeling）。不只是你，劇中其他人也會有這樣的感受。

請記得，你要以人類腦取勝。本書有個重要假設：你有需要完成的任務以及需要解決的問題，而那些衝突劇本將阻撓你達成目標。

如果你的目標是當老大或滿足猴子腦，中斷劇本這招對你就不管用。

想要中斷劇本，你要把注意力放在問題本身，並看見猴子腦設下的陷阱。不要隨猴子腦起舞：

「誰讓你這麼做的？那是我的工作！」

「等一下再來談為什麼長官命令我做。現在我們先來決定要怎麼安排。」

遇到衝突很難冷靜，因為猴子腦想要完成劇本，社會制約也讓人輕易就跟著劇本走。《沉思暴力》書中有篇文章，標題叫「允許」（Permission），內容寫道：潛在的受害者必須允許自己無禮。雖然在此無法完整講述這個概念，但我想說的是，要避免受害，受害者必須能夠打破社會常規、擺脫劇本。加害者仰賴的就是受害者照著劇本走，並做出符合預期的行為。

共同設計此課程的馬克·麥可揚指出，一定有人會將此解讀成「受害者必須表現得像混帳」。他說得沒錯。不過，實際上是這樣的：混帳的行為其實非常容易預期，如果我們的行為容易讓他人預料到，顯然還是被劇本牽著走了。我們很容易誤以為自己成功擺脫了劇本，實際上卻只是踏進了另一個劇本。

檢視改變的成效

千萬不要在換了劇本或是擺脫劇本之後就沾沾自喜。一般來說，當你擺脫了劇本，對方的猴子腦會無所適從，這時就必須啟動人類腦。這就是我們的目標，讓對方思考，而不是被直覺的劇本牽著鼻子走。

不過對某些人來說，沒有劇本可循是一件很可怕的事，尤其是感受到威脅時。他們可能因此變得更危險、更難以預測，這種情況不常見，不過確實會發生。

記得隨時觀察改變的效果，這個建議不只適用於衝突溝通，生活中許多面向皆應隨時觀察成效。我們應該時常停下來評估策略的效果如何。眼前這個人是否冷靜下來？如果沒有的話，現在這個做法可能不對。

生活中所有事情都是這樣。如果你的生涯止步不前，你就需要調整做法。或許是目前的做法行不通，不論健康、人際關係都要改變。觀察效果，必要時調整戰略。

讓你的人類腦保持清醒

我並不是要你強化人類腦，讓它可以控制大腦的邊緣系統。演化的結果並不是任何簡單的方法就能夠逆轉的。讓人類腦保持清醒，意思是：預防它人被猴子腦控制，或者如果大勢已去，就試著安撫大腦邊緣系統，讓人類腦還可以作用。要達到這樣的目標，首要任務是安撫你的猴子腦，叫它閉嘴，讓人類腦負責講話。

有沒有「你」，感覺不一樣

我們跟朋友對話時，常常會省略「你」。你有注意到這件事嗎？

「最近好嗎？」

「在幹嘛？」

如果大聲問說：「你最近怎麼樣？」感覺好像在指責對方。

「你」這個字在劇本裡威力強大。一聽到「你」，就像是在針對個人，彷彿兩人之間的意志搏鬥，一切關乎自己。但實際上並非如此。從吵架時的「你在看什麼」，到犯人被逮捕時飆罵「你他媽的」，這些話的目的是傷人，卻並非針對個人而來。

一個人遇到衝突時會做出反應，他可能錯將無心的一瞥解讀成挑釁意味濃厚的眼神。他可能根本不認識也不在乎對方，這並不是針對個人的反應。被逮捕的罪犯對眼前的警察一無所知，他的行為及言語只是針對那身制服以及情境所做出的反應，跟警察個人無關，充其量只是劇本裡需要有這個角色。

「你」這個字會騙了我們，讓人覺得羞辱和威脅是針對我們而來。「你」這個字可以讓我們完全登出人類腦。

有些問題需要運用邏輯思考，適合人類腦來解決。而「你」這個字帶來的影響，則是由猴子腦悉心打造。一聽見「你」，猴子腦就會說：「邏輯，你到後座去，我來開車，現在這個問題是針對個人，這是我擅長的領域。」

接著猴子腦便開始掌握方向盤。

第一招就是回敬對方「你」這個字。如果對方還沒進入猴子腦模式，聽到這個字以後也逃不掉了。猴子腦心滿意足，畢竟面對另一隻猴子遠比面對人類來得容易許多。如此一來，真正的問題無解，不過猴子腦根本不在乎。

挑戰在於：避免以「你」這個字來回應，讓人類腦保持清醒。這不容易，語言中本來就會大量用到「你」這個字。

「你到底有什麼問題？」這句話算是容易察覺的。聽者會自動將其解讀為一種挑戰。其他包含「你」的表達方式也會啟動衝突劇本。

「你為什麼生氣？」這句話也會讓聽者築起防備：我沒有生氣啊，你竟敢告訴我，我是怎麼感受的？

就算是經過包裝的版本，像是「你看起來很生氣」或「我覺得你好像不太開心」，都會引起對方的辯解，提高戒心。

「你在做什麼？」也會招來辯解。聽者會自動將其解讀成某種控訴。不論再怎麼調整這句話的抑揚頓挫，都會被解讀成一種控訴。

「你」在話語中有一種獨特的力量。如果我們真的想要知道某個人在做什麼，我們會刻意省略「你」：「在幹嘛啊？」讓「你」消逝到背景裡吧。

另一個說法是：「怎麼了？」這個句子裡沒有「你」，但它有可能被解讀成純粹的疑問，也可能被視為是一種指控。

為了避免陷入衝突劇本，我們必須看見猴子腦的陷阱，不要去招惹它。要把「你」給去掉是個艱鉅的挑戰，本書第三部會深入探討，不過基本原則就是，盡量自然地運用「我們」這個詞。這麼做是團體導向，可以避免他者化，促進合作。

那不是在針對你

在衝突溝通中，這句話的意義很明確。要討厭一個人需要時間，必然有些黑暗過去或歧異才會產生深層與個人的情感連結。

至於一見鍾情呢？那是荷爾蒙作祟。有時這樣的熱情會成長為深刻的情感。

偶爾幻想一下多年前四目相接、巧笑倩兮的那個人是滿有趣的。不過愛情、友情、甚至是憎恨，都需要時間培養和互動。

憤怒就不同了；迷戀也一樣。這兩種情緒都可以靠劇本刺激猴子腦而出現。

這齣劇已經上演很長一段時間。愛情如此美好，尤其是在蜜月期。她是他的夢中情人，美麗、聰明又專情。之後，情況開始變糟，「聰明」變成了對他的頤指氣使。如果他要她停的時候她願意聽話，一切就沒問題。

可是她不聽話。她說他不是老大。雖然她知道他比自己高大強壯，可是她覺得沒關係。實際上卻大有關係。他想要讓她知道這一點，但是她一意孤行。第一次，他只是推推她，她報以尖叫和捶打，所以他回了她一記耳光，不算很嚴重的肢體衝突。

之後幾天，她害怕，她不說話。他覺得自己不太對，於是開始送花、帶她去晚餐，並多花時間關心她。她喜歡這樣的改變。但再過一陣子，她又故態復萌，然後舊戲重演。

現在，他只要瞪她一眼，她就會害怕地閉上嘴。大部分情況是這樣，但有時候他必須再過火一點，她才會害怕。這時候好管閒事的人會開始關心他們的狀況，試著阻止他的行為。
但多管閒事的人往往也沒有好下場。

上面這個故事中的男人虐待女人，難道他討厭她嗎？不是，他只是想要控制她。他跟著劇本走，完全陷在猴子腦的反應裡。

他討厭多管閒事的人嗎？或許他毆打了對方，通常當外人介入團體的衝突時，很可能就會引來攻擊。他是火冒三丈沒錯，但那是劇本的反應。他的行為只是對團體外的人所做出的反應，是在傳遞一種信號，就像警告被敵軍俘虜的士兵將會遭到殘酷的處罰。

「那不是在針對你」的意思是：倘若雙方素昧平生，過去也不曾有過傷害或背叛，那麼無論對方做了什麼，都不是針對你個人。對方的言語或行為可能看似針對你，這樣才符合雙方的猴子腦的想像，不過事實並非如此。

認知到這一點，你可以選擇保持冷靜，用人類腦來解決問題。

你也可以從自身做起。如果你不喜歡某個人，或是開始覺得被激怒了，請深呼吸，思考一下：你和眼前這個人過去有交集嗎？你曾經傷害對方或被對方傷害過嗎？如果有，是情勢使然嗎？

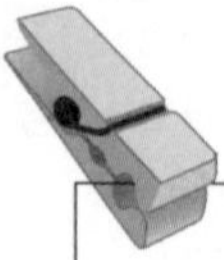

在徵選戰術部隊的成員時，有位候選者落選了兩次。每次面試時我們都會提供兩種情況，候選者大概認為是在測試戰術吧，但其實不然。這兩個情境的目的都是為了看出候選者的性格特質。

第一個觀察的重點是，他是否會盲從指令。這些人未來可能需要面臨極度險境，必須具備獨立思考及隨機應變的能力。我們需要有人可以針對眼前情況指出錯誤，勇敢拒絕接受指令。戰術部隊不需要也不想要盲從的隊員。

第二個情境測驗的則是另一種性格特質。

那位落選兩次的候選者，強壯、聰明、懂得關懷別人，從很多角度來看，他都能成為優秀的戰鬥人員，可惜他認為取悅長官和遵守命令是最重要的任務。

於是他認定我就是討厭他，因為兩次面試他都碰到我；他認為我刷掉他，是針對他這個人。

如果你也曾經把自己的損失、傷害或問題歸咎於別人（例如上述面試、商業競爭或意外巧合），不妨重新檢視一番。有句俗諺說：「不要把自己的愚蠢所造成的問題歸咎於惡意。」這是非常好的建議。

話雖如此，千萬別把這個論點無限上綱，例如通姦顯然是猴子腦為了維護領土和保存群體所做出的反應，但可別以為只要自覺有理，配偶就該自認倒霉。

這裡帶出了兩件重要的事：

一、猴子腦既狡猾又強大。本書的目的，是為了讓你的人類腦取得優勢。不幸的是，這也會帶來新的陷阱。當你因為自己能夠看出衝突反應劇本，而自認比其他人優秀時，你就已經再度陷入猴子腦的反應。當你意識到「這只是想像，是猴子腦在作祟」，卻又明知故犯時，代表你的猴子腦正在爭奪主控權。

二、小心別逾越規則。無論是否古老又過時，劇本都給了我們一套規則，讓我們能夠以相對和諧的方式在團體中生活。然而，「忽視沒有用處的猴子叫聲」和「只要我喜歡，有什麼不可以」是完全不同的兩件事。換句話說，我們可以為了解決問題而擺脫劇本，但不可以肆無忌憚挑戰社會規範和禁忌。大多數的猴子腦劇本都是為了讓人類能夠共同生活，因此別以為訴諸理性對話，就可以逃過侵犯他人或打破禁忌所帶來的後果。

真實、虛幻及腦中的影子社群

有個觀念不容易透過文字描述，但必須解釋清楚。讓我們先從「現實藍圖」談起。

沒有人是直接對應這個真實的世界。每個人心中都有一個世界是如何運作的藍圖或模型。我們的思考方式與所作所為，都根據這張藍圖而定。藍圖並非現實，而且說實話，它充其量只是當下最適合我們的模式而已。若任其擺布，猴子腦就會將那些模式奉為圭臬，甚至誓死加以捍衛。

事實是不容爭辯的。只有零才是零，就算一比二十六更接近零，還是只有零才是零。有些現實藍圖非常準確，有些真知灼見會讓我們的藍圖更加貼近事實，但任何的洞見都無法讓我們對這世界的信念變成事實。

我們每個人都會抱持著某些信念與期待。腦中會有聲音告訴我們什麼是對的、什麼是錯的，也會告訴我們別人是怎麼看待我們的。這些聲音通常很不準確。如同前面討論過，我們之所以抗拒道歉，是因為腦中的聲音告訴我們：「道歉會讓你顯得示弱，或是必須承擔罵名。」就算經驗告訴我們，道歉其實是成熟的人際行為，腦海中的聲音也不會因此消失。如果你留意，一定會發現那個聲音時不時出現。

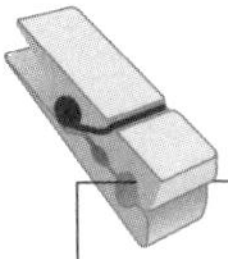

年輕人打算跟女朋友提分手。他愛她，喜歡她，也欣賞她。他們的感情很穩定，他很開心。但他還是想要分手，因為他覺得她早晚會離開他，而他認為自己到時候會承受不住。

起因是幾個月前，有一天他們在海灘散步時，碰上了一群年輕小伙子。對方大約有六個人，因為喝醉酒而吵鬧喧譁，對著他們兩說一些不堪入耳的話。眼見雙方隨時就要大打出手，這時候身為男友的他有禮貌地道了歉，然後立刻帶著女友離開現場。

作者點評：面對上述情況，這是超級正確的決定。對方喝醉酒、人數眾多，附近又沒有其他目擊者，因此這對孤男寡女很容易成為攻擊目標。這種情況最後往往不是演變成輪姦，就是發生傷亡。留在原地絕對不會有任何好下場。

事發之後，男子尋求我的建議。對他來說，這麼棒的女人絕對不會留在一個懦夫身邊。當她被羞辱的時候，他居然無法為她挺身而出，捍衛她的名譽。我建議他去找她談談。我告訴他，女人和男人的想法非常不同。

他跟女友聊過之後非常驚訝。那件讓他煩惱不已的事，她居然已經忘得差不多了。至於他是否缺乏男子氣概這件事，她只表示她很慶幸自己交往的對象不是一個衝動的笨蛋。

男女除了對暴力及衝突的看法不同，實際上女人的想法也經常與「男人認為女人會怎麼想」不一樣。回頭把上面的故事再看一次，裡頭有很重要的線索。

我們腦中有個影子社群，也就是說，我們的腦袋會告訴我們「別人怎麼想」，但那個聲音往往並不正確。當然，那些聲音聽起來很有說服力，但說服力不代表正確性。當我們相信腦中的聲音時，就無法理性與周延地思考。那些聲音是人類在兩萬年前的熱帶草原上，碰到類似問題時的直覺反應。

與「現實」相反的是「理想主義」的概念，也是比較沒那麼原始的反應。

在撰寫本書時，我盡力避免觸及政治議題。雖然政治界充滿了許多關於猴子腦思考的例子，但許多（甚至大部分）讀者肯定會對自己的政治立場抱持部落認同。換言之，只要提到政治，大家就會自動關閉人類腦，這不是我樂見的結果。我希望大家能在閱讀的過程中獲得刺激，進而思考。

我這一生經歷了八位總統。其中有些我很欣賞，有些我則瞧不起，但老實說沒有任何一位總統真的大幅改變了我的生活。他們最主要的職責，是維護及維繫「國家」這個概念。就此而言，他們每一位都算是善盡職責。儘管情勢一度看似不樂觀，權力算計彷彿一發不可收拾，但就連充滿爭議的選舉最後也和平轉移了政權。

雖然很多事情與過往不再相同，但美國仍然是美國。不過比爾·蓋茲和史帝夫·賈伯斯對人們日常生活造成的影響，其實比任何一位總統都來得深遠。總而言之，那些總統盡到了身為總統必須做的事。至於他們做事的方式、看待議題的優先次序等等，就見仁見智了。

這麼說吧，我們每個人都對國家有個願景。我們評價某位總統是好是壞的標準，取決於他們做事的方法是否接近我們心目中理想的方式，而不是他們實際上的表現。雖然不是每一任總統都是出於「國家應該採取行動」的心態去保衛國土，但他們每一位都成功讓這個國家存續下來。

「應該怎麼做」這個理想和信念，存在於我們的藍圖中，而非真正的現實。就像任何價值觀一樣，這些概念只存在我們的腦中，但對於部落主義和猴子腦來說已十分足夠。

在此之所以談到政治，是因為全球都有政治的問題。任何國家的讀者都可以回頭想想自己國家的領導人是否成功讓國家免於滅亡（客觀事實），你們也會發現這個問題的答案與自己對總統的好惡並無關聯。林肯被許多人譽為美國最偉大的總統，但他卻是歷任總統中差點讓美國戰敗的一位。我們對一個人的好惡（尤其當我們不認識對方時，例如政治人物或商業巨擘），取決於對方有多接近我們心中的理想。

這樣的思考方式可以追溯至部落時期，但它也經常是造成衝突的原因。我不禁認為，根據理念組成的部落，可能比根據血緣或地緣組成的部落還要團結。若人類腦與猴子腦能夠緊密合作，將是非常理想的狀態。

猴子腦無法區分理想與現實。自古以來，無論是宗教或各種力量都非常相信「名稱」的重要性。亞里斯多德的《形上學》首次提出了「事物的名稱不等於事物本身」的概念。

符號象徵的影響力很大，而我們的大腦在某種程度上會將象徵與現實混為一談。插在巫毒娃娃上的針，就等於插在本人身上。而任何你看到或聽到的，也都有其真實和不真實。催眠之所以有效，就是因為這部分的大腦在作祟。

在一些個案中，「你感覺不到疼痛」這句話消除痛苦的效果甚至跟麻醉劑一樣。人類也可能被言論左右，相信他們感覺到的水溫比實際上冷（或熱），或是乳酪上長得像耶穌的黴菌真的具有療效。

這些想法都很蠢，卻存在你我的猴子腦裡。「蠢」這個字是個線索，是一種把別人他者化的方式，也就是「相信這種事情的人比我的水準低」。我所屬的團體絕對不可能相信這種蠢事。「相信蠢事」是猴子腦造成的，而「嘲笑相信蠢事的人」也是猴子腦搞的鬼。

每個人都有這類不理性的信仰。大部分的抽象觀念其實只是文字遊戲，不是能夠放進手推車裡的具體事物。

若你自認是一個隨時願意為國捐軀的愛國者，你有沒有想過到底什麼是「國家」？國界又是什麼？所有在國界以內的人呢？我曾遇過許多糟糕透頂的人，我可不想為那些人而死。關於國家的理想是什麼？是列在憲法裡的那些東西嗎？是目前國會施行的那些立法嗎？還是電視宣傳的那些口號？

這類模糊的概念都只是大腦無法明確定義的象徵，但許多人（包括我在內）都曾誓言要捍衛國家，至死方休。

「社會正義」之類的理念亦然，包括自由、平等與博愛。除非你想破頭給「平等」與「自由」新的定義，否則這兩個詞根本無法共存。根據定義，「人民有追求卓越的自由」，表示有些人會成功，有些人則不會……於是「平等」就不成立。

這些理念，也就是這些文字符號，為社會帶來很大的改變。許多變化都是正面的，但現代史上那些最嚴重的犯罪、種族屠殺和戰爭，同樣是受到理念的刺激而生，例如曾經有人試圖建立勞工的天堂，卻導致超過兩千萬人被處死。在第二次世界大戰中，甚至可能有五千萬人在與國家社會主義這個理念對抗的過程中喪命。

即便到了現代，仍有許多犯罪與幫派械鬥是因地盤或膚色所引起。其實，更根本的原因是市占率與毒品文化，地盤或膚色只是表象罷了。然而，市占率這個概念太過抽象，或許人類腦可以理解，但猴子腦沒辦法。人類腦很少會做出殺戮的決定；就算要殺，也會是個不帶感情的決定。

雖然聽起來有點偏離常軌，但這個觀念很重要。我曾經說過潛意識的劇本是為了團體的利益，但這裡必須解釋清楚：「團體」並不等於「組成團體的所有個體」。團體指的是「團體」的概念。就此而言，團體只會存在於腦中。

當家暴發生時，受傷的是受害者的身體以及孩子的心靈，連施暴者也會受傷。暴力對家庭的每一個成員都會造成嚴重傷害。但猴子腦的劇本尤其信服「家庭」這個概念，於是它會認為施暴是為了這個家好，是為了維繫整個家庭。

最可怕的是，猴子腦其實是對的。若受害者做出聰明的決定，帶著孩子離開，那麼這個家庭就真的瓦解了，這正是猴子腦害怕的結果。包括孩子及受害者在內，所有人的猴子腦都希望暴力能夠停止，卻也都不希望家庭破碎。而猴子腦的劇本可以幫助大家維持這個家庭團體。

猴子腦的影響力很大，必須要有強大的意志力，或是讓蜥蜴腦甦醒，才有可能改變劇本。

衝突的藉口和理由

有些人習慣用暴力來獲得自己想要的東西，他們經常會尋找所謂的「鉤子」：

發脾氣的藉口，或是正當化暴力的理由。

舉個極端的例子：有個暴力慣犯毆打一位青少女，如果他只是隨機挑選受害者，在同黨中沒什麼好說嘴的，反而是「那個賤人叫我滾，所以我給她一點教訓」這種說詞比較能讓他有面子。鉤子不是行動的原因，而是藉口。

這樣的狀況不限於肢體暴力。公司主管想要找人出氣時，就會想盡辦法找藉口，例如對下屬的報告雞蛋裡挑骨頭，藉此合理化自己的行為。

重點在於先後順序：先是想要找人出氣，接著才尋找理由，然後做出不好的行為。行為動機有百百種。對犯罪者來說，最常見的行竊動機就是缺錢買毒品。只要能找到更好的藉口，就能說服猴子腦行動；而這樣的藉口必須來自其他需求層次，勝過對行竊的恐懼。有個不尋常的（但對我來說是好笑的）例子，是一位罪犯曾經表示他之所以持械搶劫是為了走上毛澤東革命的道路。

尋找藉口也有助於將受害者他者化，讓犯罪者更能恣意施暴。

舉些比較常見的例子：當一個人對於自己的領導地位感到不安時，會覺得需要宣示主權來威懾下屬。這完全是猴子腦的作風，在犯罪的次文化領域中同樣適用。如果有個堂堂男子覺得自己被羞辱了，他很可能會找個人發飆，好展現他的男子氣概，被揍的可憐蟲或許不是羞辱他的人，只是他容易宰制的對象，例如他的伴侶或兒女。然而，就和想要宣示主權的上司一樣，那個莽夫一定會想辦法找鉤子來合理化自己的行為。

在犯罪的劇本中，鉤子是否成立，取決於你說了或做了什麼被認為是羞辱對方的事情。這個過程涉及的心理活動可能會非常極端。「看屁啊，混帳東西。」一個出口成髒的人或許覺得自己這麼說無傷大雅，卻會將對方回的「你給我滾遠一點」視為致命的羞辱。

若你不想要讓對方有機會找到鉤子，首先必須展現放鬆的肢體語言。這不容易。猴子腦無法分辨「羞辱」與「死亡」的差別，也分不清「口角衝突」與「飢餓老虎」的危險有何不同。除非經常面對衝突，否則大部分人在衝突一觸即發之際，都會分泌大量腎上腺素，因此說話難以保持鎮定，身體忍不住顫抖，眼神也會飄忽不定。

可以的話，請試著將對方的挑釁視為提問，忽略其中不雅的字眼。

「看屁啊，混帳東西！」

「嗯？我只是在放空而已，今天發生太多事了。還好嗎？」

「你他媽的在說什麼？」

但是在這種情況下，不管說什麼聽起來都會像是在羞辱或諷刺對方。這就是猴子腦的陷阱——他聽不懂簡單的問題，他是一隻笨猴子，你比他聰明，所以他故意讓你擺出一副高姿態，這樣他就可以名正言順地傷害你。

另外，也不要忽略了自己的問題。「我沒有別的意思，」這句話聽起來就帶有防衛性。想要成功脫困，就要運用動物心理學。還記得「支配遊戲」與「猴子舞」嗎？這裡同樣有界線。獅子不會跟獵豹玩支配遊戲，成犬也不會跟幼犬玩支配遊戲。成犬會保持冷靜、成熟、無動於衷。想要成功，過程中絕不能受到情緒左右。

「我是說我很累了，然後想問問你今天過得怎樣而已。」

若處理得當，對方就很難找到發脾氣的鉤子。他會意識到是自己太過分了，反而讓自己顯得像個混蛋，然後他可能一邊咒罵，一邊走離現場。這時我們必須假裝沒聽到，也不能露出微笑或一臉得意。關鍵在於，假裝沒有注意到這一切衝突。如果你顯露出情緒反應，或是驕傲地環顧四周看看有沒有人對自己處理的方式感到佩服，或者露出志得意滿的神情，對方就會發現自己被擺了一道，這時他就找到發動攻擊的鉤子了。

在成功迴避衝突之後，嘴巴一定要閉緊。你的猴子腦會想要四處炫耀，但務必提醒你自己，「危機還沒有解除」。

若對方仍未離開，甚至進一步挑釁（「你覺得你很厲害是不是？」），有兩種做法可以在不訴諸暴力的情況下讓情勢降溫。

第一個選擇，就是離開現場。「我還要去開會，先走了。」或者「我不喜歡這樣，我要先走了。」無論哪種說法（尤其第二種），語調中絕對不能流露情緒，而且說完之後立刻離開。最理想的方式，是背對對方離開，卻仍然可以觀察到對方的動靜。★對方可能還會繼續羞辱或挑釁，通通都忽略了吧。千萬要忍住想撂狠話的衝動；猴子腦可是很想要成為結束對話的主導者。

第二個選擇是，升高風險。除非你擁有面對罪犯或暴力衝突的豐富經驗，否則不推薦這麼做。這一招能夠有效避免暴力衝突，但若失敗，後果也會十分嚴重。不要隨便對罪犯虛張聲勢，因為他的經驗肯定也不少。

所謂的升高風險，是直接指出對方的行為。你必須保持冷靜與抽離，或至少聲音與肢體必須讓人覺得你很冷靜。你可以問對方：「為什麼想要惹我生氣？」我個人常使用的是：「想做什麼呢，老兄？」我也說過這樣的台詞：「我發現你

★原注：你可能會認為，這怎麼可能？影子存在的意義就在此。厲害的人甚至可以一邊觀察屋內其他人的動靜，一邊準確描述目標對象的一舉一動。

好像試著要讓我不好過。看我難過你會比較好過嗎？」這句話從擔任矯治人員多年的我口中說出來還滿有效果的。

以冷靜、不帶情緒的方式指出對方的行為，可以讓他知道：你非常清楚他在做什麼，你已經準備好也知道如何處理這樣的衝突。這樣的訊息也讓對方明白，他得付出很大的代價，才能達到他想要的目的（打架、羞辱等等）。若對方很在意可能會出糗，就不會甘冒風險。

當然，這麼做對你來說風險也很高。運用這個策略時，不要虛張聲勢。就算是在非暴力的衝突中，方法也是一樣。當某個人想要找出氣筒，或是想要在會議或協商途中展現氣勢時，基本上劇本和前面提到的相同，只是髒話會少一些。

「你告訴我，你到底在想什麼，怎麼會寫出這樣的報告？」

一旦雙方起了防衛心（本能反應），就會演變成「猴子腦對抗猴子腦」的局面。倘若支配遊戲上演，又讓對方找到藉口大發雷霆，你就沒戲唱了。記得，在回答對方時，把他說的話當成是思考過後的理性提問。

無論對方是在玩支配遊戲，或單純只是不想讓你好過，他都會希望你也是以猴子腦回應。一旦進入猴子腦，你會變得情緒化，行為反應更容易被預測。掠食者（例如強暴犯、強盜、殺人犯，或是一心想升官的冷血同事）都會希望你陷入猴子腦，跟著劇本走。

任何意圖不軌的人（無論目的為何），都不會想要找人類腦當對手，因為人類腦懂得運籌帷幄，它能夠想出方法來解決問題，而想找麻煩的人必須仰賴麻煩才能生存。想惹事生非的人也不會找蜥蜴腦下手，因為一旦蜥蜴腦甦醒，就會以生存為唯一考量，讓人變得殘酷無情。

猴子腦是最方便的獵物，也是最容易的對手。任何想占你便宜的人，都會希望你停留在猴子腦，而你的猴子腦也會想要霸占主控權。

如果你像魚兒一樣咬住了鉤子，就無法脫離劇本。一旦你開始生氣、貼標籤，或是想要與對方一較高下，這些都是上鉤的徵兆。你必須察覺這些徵兆，然後把鉤子吐掉。

深呼吸。察覺內心的感受。回到問題本身。

深呼吸後，你可以這麼說：「抱歉，剛剛我莫名激動了起來。所以關於這個問題，我們要怎麼解決？」這麼做可以跳出猴子腦的陷阱，拒絕參與其中。千萬不要指名道姓（不要說「你」），將重心放回問題本身。上面那句話使用了「我們」，讓大家感覺身在同一條船上。

如何脫離猴子腦

步驟一：知道自己何時會被猴子腦綁架。情緒化？貼標籤？
步驟二：不要否認自己被猴子腦綁架的事實。
步驟三：深呼吸。
步驟四：大聲說出：「剛剛真是對不起，我的情緒莫名激動起來。我們要解決的問題是？」（可視情況調整最後一句。）
就這麼簡單。

本書描述的情況可能會與實際狀況有所出入，有時可能非常不同。觀察自己的反應。只要你多加練習，很容易可以發現哪些人正在尋找鉤子。但若是你自己在尋找鉤子，則比較難以察覺。一旦你生氣或情緒失控（就算是因為沒睡飽等愚蠢的原因），很可能就會開始尋找鉤子。怒氣會讓人興奮與激動起來，而這股能量必須有個宣洩對象。

許多負面的劇本，都是從尋找鉤子開始。雖然分析自己的情緒是很困難的事，但你要盡可能誠實。想想看，你之前因為孩子功課沒寫而大發脾氣，真的是因為他沒寫作業嗎？還是你的心情早就不美好，才去詢問他功課做了沒？

每個人都會因為不同的原因而去尋找鉤子，重點在於察覺那些鉤子的存在。有些鉤子本來就存在，有些則難以避免就是會讓你上鉤。好比說，若你工作時必須穿制服，或是你在外觀上與其他人有明顯不同，那麼你多少會被他者化，而在心情不好的人眼中，你可能就是那個可以怪罪的藉口。

想要減少他者化的影響，必須從共同處著手。經驗告訴我，若與精神分裂症患者爭辯他們看到了什麼，往往只是浪費時間，不如用以下這類句子開啟話題：「我知道你看見了藍色的人，而你也知道我看不見那些人，所以不如來聊聊我們都能看見的東西。」

面對不同文化的人，這項技巧同樣有效。在與對方討論不同的社會、政治或價值觀之前，先花點時間討論你們的共同處。幾乎所有人都愛自己的家人。我駐紮伊拉克時，經常以稱讚當地食物來開啟話題。就算我不是伊斯蘭教徒，我也會去讀讀古蘭經的譯本，才發現原來譯本不能算是正式的經文。

找尋共同之處，認真聆聽。聽比說要來得重要。

你可以控制這些鉤子，或者你也可以處處惹人厭。若你覺得別人常常「毫無來由」就討厭你，恐怕惹人厭的原因就是你本人。對人沒禮貌，是一種天然的鉤子。待人冷酷無情，也是一種天然的鉤子。若你開口閉口充滿種族或性別歧視，就等於是鉤子大放送了（就算你自以為幽默也一樣）。

在某些場合中，展現出學富五車的談吐，也會成為一種天然的鉤子。請不要一看到這句話就動怒。我所認識愛調書袋又道貌岸然的人，大多是改革派的社運人士，而不是宗教狂熱份子。（哇，你看看這句話裡面有多少標籤！）

當你表現得像個混蛋時，你通常也看不見自己有多偽善或多無禮。也許可以，但大部分的人不會那麼用心檢視自己。因此，可以從檢視別人如何對你開始。若周遭的人對你避之唯恐不及，你很可能是個討厭鬼。若某些議題你只能跟同溫層的人討論，你很可能是個偽君子。

務必觀察你自己有哪些言行舉止是在送鉤子給別人，然後做出改變。除非你喜歡與人起無意義的爭執，否則就不應該說話不經大腦。

最後，若你有足夠的勇氣，有個簡單的方法可以檢視你是個怎樣的人：物以類聚。看看自己都交些什麼樣的朋友吧。如果你沒有朋友，或你的朋友全都是爛人，那麼問題就出在你身上。你本身就是這樣的人。很遺憾，必須由我來揭曉這個事實。

相反地，如果你發現自己很幸運能交到這些好朋友，他們也很樂意花時間陪伴你，這就表示你做得還不錯。記得別因此得意忘形就好。

用情緒解決問題的問題

我常說，對於聰明又肯用心的人來說，監獄懲教員是一份安全又輕鬆的工作。但對於駑鈍又無法專心的人來說，這就是個困難又危險的任務。

重點在於你想要什麼：一個乾淨、安靜又安全的環境。囚犯其實也想要一樣的東西。沒錯，沒有人想要當製造髒亂、吵鬧與危險的大麻煩。就算是樂於傷害別人的罪犯，也會想要得到安全感。

既然官兵跟犯人都想要一樣的東西，又為什麼會起衝突？

這樣的矛盾放諸所有環境皆然。每個家庭成員都想要一個安全、互敬互愛且彼此關心的避風港。每個公司成員都希望公司能夠獲利，沒有人希望在充滿壓力與衝突的環境下工作。不會有人一醒來就在想：「好，我決定今天要把工作搞砸。我要讓辦公室充滿危險，讓所有同事都討厭我。」

然而，無論是家庭、公司或監獄裡，衝突摩擦無所不在，有時甚至每天都像在打仗。為什麼會這樣？因為每件事都有很多層面，而人類腦想要的目標，有時候不見得和猴子腦想要的一樣。

蜥蜴腦只在乎生存。許多事情都會牽涉到生存，像是行動反應、甚或是性愛等原始本能，但這些事情往往也會牽涉到形象、價值觀與自尊心，因此是由猴子腦主導。蜥蜴腦很少會介入衝突，我們身邊的大小衝突對它來說，大多都是無意義的噪音，唯有事情嚴重到攸關存亡時，它才會醒過來。有時候蜥蜴腦會讓你僵在原地。它從遠古以來面對掠食者的經驗會告訴你不要亂動，就算你受過再多訓練，明知再不逃會死。因為對蜥蜴腦來說，除非看到明確的成效，否則再多「訓練」都只是抽象不真實的概念。

但有時候蜥蜴腦會讓人瞬間採取行動，做出連自己都難以置信的反應。無論如何，一旦蜥蜴腦甦醒，就會出現改變。

一般在社會上，我們很少會見到蜥蜴腦層次的衝突。這是一件好事。在我們的大腦中，人類腦負責解決問題，無論是準備報告或是安排將大量物資和人員送到災難現場等任務，人們往往會一同商議該如何解決問題。大部分的問題其實都很容易解決，只要找出原因、選擇最佳方式、列出必要的資源、蒐集資源並執行計畫即可。理論上，只要保持以人類腦相處，就不容易引發衝突。就算衝突真的爆發，通常也能在理性且彼此尊重的情況下解決。

然而實際上，事情沒這麼簡單。我們很容易對號入座，因此產生摩擦，接著就開始表現出不理性的一面。

引起衝突的原因，往往不是問題本身，而是關於地位、財富、身分或權力之爭。當你試圖解決問題，對方針對的卻是個人，你就必須問問自己：「猴子腦這次又在搞什麼鬼？」

猴子腦的問題類型

我們可以看出六種猴子腦的問題類型。每一種都和地位、爭地盤或權力有關。

- 確認地位
- 支配控制
- 建立團體規則
- 劃定團體界線
- 職位的功能與需求
- 麻煩人物

有一次，我老闆寫了一封信準備在做簡報時公告周知，內容是要通知第一線警員，我們正面臨預算危機，雖然管理團隊努力將這件事的影響降到最低，但資淺的人員可能得開始思考一些應變計畫。

我們局裡有四百顆懂得解決問題的腦袋，肯定會收到不少妙計。我看完之後心想：「太棒了，我知道可以從哪裡省下五十萬美元的經費。」由於這種事不是我擅長的（我當時是懲教緊急應變隊隊長），因此我還做了一些調查與計算、研究公文格式，寫了一份洗鍊又無懈可擊的提案書。

我挑了一位我最欣賞的長官，把提案書交給他。他是一名傑出的小隊長，最近剛升隊長。到了這個位階，他終於有權調整政策。我之所以將這份提案交給他，也是希望能夠對他的職業生涯有所幫助。

我穿上正式服裝、預約會面時間，然後準時走進他的辦公室。但這次會面卻演變成一場大災難。我的舉動激起了五個猴子腦的問題。

一、確認地位。當一隻狗初來乍到時，其他的狗兒都會去聞聞他的屁股，藉此決定牠的地位。人也是一樣。

當你有一個好點子可以為組織省下大筆金錢，你把這個計畫送交給合適的人，但最後往往什麼改變都不會發生。對方會先好聲好氣答應你將謹慎評估一番，接著頻頻問起你的近況，你覺得對方似乎在轉移話題，因此有點擦槍走火。

當你以未知的身分涉入一個情境時（例如新學生或新員工，或是提案超出職務範圍的人），猴子腦會優先處理那個「未知」。你必須知道自己的位置，而處於階級上層的人更想要弄清楚你到底是誰。地位問題沒有先解決的話，人類腦不可能跳出來解決問題。

你是想要獲得認可嗎？還是想升官嗎？該不會是想給主管難看吧？

你要知道，那些掌權者的主要目標不是解決組織的日常問題，不是如何把事情做得更好、更有效率，也不是照顧員工的感受，更不是達成公司的願景或目標。他們的職責是維繫這個組織，讓它能夠長久運作。

而眼前冒出來的這個未知者，不但有可能改變階級地位，甚至可能危及到他們的職責——當我帶著提案進到隊長的辦公室時，等於是身為戰術人員卻要插手預算的問題。當時的我就跟一隻會說話的海豹一樣蠢。

二、支配控制。任何團體裡都會有領頭羊。在管理妥當且目標導向的團隊中，領導者的角色會隨著情況與需求而改變。而在比較鬆散的團體，領導者的角色比較不重要。

除了領導者，還會有覬覦領導地位的人及恪守階級的人。若你不在頂端或底層，通常會有人的位階比你高、有人的位階比你低。階級金字塔越穩固，越不容易爆發嚴重衝突。不穩固的階級（角色定位不明、上司不合理偏袒，或是地位還沒確立的新團體）則是衝突的溫床。只要威脅到地位，就會觸動猴子腦。就我的情況來說，我提出解決問題的方法，而溝通對象是我景仰且視為朋友的人。我以為那份公告是一則求救訊息（其他第一線人員也都這樣誤認），所以想盡力幫上忙。很不幸的是，隊長認為我的提案是在挑戰他的權威。「希望能夠對他的職涯有所幫助」在他腦中卻被解讀成「他的能力配不上他的職位」。我的提案挑戰了他的地位，因此他的猴子腦必須證明他才是老大，而證明的方式就是否決我的提案。

三、建立團體規則。每個團體都有自己的規則和協議。在許多團體中，這些規則大多是不成文的規定，但不成文不代表沒有效力。好比說，組織裡可能有開放溝通的政策，任何人碰到困難都可以直接和大老闆商量，但這麼做可能就違反了指揮鏈層層上報的潛規則。這些不成文的規定包含誰可以跟誰說話、哪些話題在何時是禁忌，或是哪些報告可以看看就好等等。

我越過了指揮鏈，直接向上級提案，違反了規則。

四、劃定團體界線。在一些組織中可能存在著具有強烈認同感的小團體，他們會死守自己的領土，無論實質的（「私家偵探管到警察這裡來了？」）或象徵性的（「你該不會打算沒問過我就安裝新軟體吧？」）。你們可能坐在同一間辦公室或教室裡，但不代表你們身處在同一個世界。每個小團體都有自己的規則、習慣及用語，你必須懂得那一套才能與他們互動。

我帶著解決問題的方法進入了總部，但這個問題根本超出戰術人員的職責範圍。我可以說是局外人，而且差一點就引起了部落之間的戰爭。

我的一個舉動違反了猴子腦的四個規定：逾越了自己的身分、挑戰既定的領導權力、違反了指揮鏈、做了不該由我做的事。據說直到我離開該單位之後，我提案的內容才開始逐一實施。他們花了三年，終於忘記那些點子是打哪兒來的。

記住：一旦你觸發了對方的猴子腦，對方就失去處理真實問題的能力，而且直到猴子腦的問題解決之前，他都無法面對真實情況。不管你的論點再正確、邏輯再無懈可擊都一樣。論點和邏輯是由人類腦管理的，但猴子腦會凌駕人類腦。

若我當時就懂得這些知識和技巧的話，不但能夠避開我所引起的問題，甚至能反過來操縱對方的抗拒心理。我可以預料事情會如何發展。

若我走進辦公室的時候說：「隊長，我知道我只是個戰術人員，但我看到公告之後有個想法。我不懂預算的事，但我覺得這麼做很合理，所以希望您可以看一眼，看我是不是把問題想得太簡單了。我知道我應該要透過指揮鏈向上呈報，但我覺得您是這裡唯一不會因為我犯錯而嘲笑我的人。」

「我只是個戰術人員」：這句話先點出我清楚知道自己的定位，表明我很滿意目前的地位，就不會激起對方想要鞏固階級的心態。

「希望您可以看一眼」：如果你說的是「報告，我想出了一個方法，可以幫你解決問題」，肯定會被打發掉；如果你是說「麻煩請幫我個忙」，對方會備感榮幸。不希望猴子腦從中作梗的話，你可以在談話過程中不斷強調對方的地位。

「我覺得您是這裡唯一不會因為我犯錯而嘲笑我的人」：若你想要打破規則，就要有十足的理由，而且最好能找到符合猴子腦需求的理由。「正常的做法太慢了」或許是個好理由，也可能是事實，但那是人類腦的理由。當你向維護規則的人說規則有問題時，他就必須為自己辯護，證明你才是錯的，甚且有時候完全不打算聽你說話。若你提出的是猴子腦的原因（例如「我不想要被嘲笑」），對方的猴子腦就能夠理解。

以局外人的身分介入問題是非常困難的。若你以局外人的身分告訴某個團體它哪裡做錯了，後果將不堪設想。這也是為什麼警方接到家暴申訴電話時，總是得小心翼翼地處理。

局外人一定要謹記自己的身分，不要以高姿態發言。如果你的目的是想要去教化愚昧，那些愚昧者就會聚集起來反將你一軍。可能的話，盡量將自己塑造為不情願蹚渾水的局外人，只是來幫忙看看，不是來找碴的。以家暴案件為例，可以這麼說：「我們接到了一通電話，可能不是什麼嚴重的事，但畢竟這是我們的職責所在。我來看看有哪裡可以幫上忙的地方。」

上述的四個猴子腦問題，與大腦邊緣系統的角色息息相關：地位、確立規範及成員資格。接下來的兩個問題則稍有不同。

五、職務的功能與需求。在每個大型組織中，都會有一些人明明地位不高，卻握有某些特權與權威，例如唯一能夠存取重要紀錄的辦公室助理。若他們感到不滿時，往往會要求特殊待遇才願意繼續完成工作。

在我的組織中，記錄員算是辦公室助理，地位不高，但若沒有人負責記錄，我們也沒辦法做好分內事。然而有些記錄員會要耍派頭，希望大家可以看見他的重要性，而不只是以階級相待。乍看之下訴求合理，對吧？但只要猴子腦從中作梗，又是另外一回事了。

其實不尊重他們的人，往往也是那些希望地位得到認可且喜歡使喚別人的人。但對別人好一點，會少一塊肉嗎？尤其是那些身負重任卻常被忽視的人，真的不能對他們友善一點嗎？若想要在職場上平步青雲，就要去認識那些常被大家當作透明人看待的人。對他們友善，並感謝他們的付出。他們是讓事情能夠順利進行的推手，該讓他們得到應得的感激。

駐伊拉克的美軍都有個厲害的能力：跟任何人都聊得來。我最初的一位隨行口譯曾經試圖阻止我和第一線人員說話。「不，他的位階比你低太多，跟他說話會丟……」他很努力才終於擠出最後幾個字「……丟了你的臉。」

實務上，在當地的美軍監獄裡，典獄長會和副典獄長說話，副典獄長會和下級說話，下級會和警察交談，警察也會和小警員說話，但典獄長不會和警察或警官（甚至會假裝忘了他們）多交流。

與各階級的人談話、聆聽各階級的人說話，這些觀念在監獄裡不太受歡迎。但它很管用，像魔術般神奇。這就是為什麼我這個明明不太會說當地話的美國顧問，卻比典獄長還清楚監獄裡的大小事。這一點時常讓典獄長感到驚訝。

六、麻煩人物。有些類型的人不要往來為妙。最明顯的例子是以控告公司為樂的員工。組織裡的所有人都知道，只要是任何他們看不順眼的事物，都會引來以報復為名的訴訟。

另一個例子，是有些人會濫用「家庭與醫療假法」（FMLA）及「美國身心障礙法」（ADA）。這些法律具有相當強的保護性，因此就算是顯然濫用權利，上級也不得進行調查，否則在法律上形同騷擾。

第三個例子包含各種法律保護的族群，例如年齡、性別、種族、宗教及國籍。這些法律原本是用來做為人民自我保護的武器，但有些人會曲解立法的美意。

第四個例子是為了被疏遠而刻意惹得眾人不悅的人。

我知道光是舉出一些團體，可能就會被貼上麻木不仁、政治保守，甚至種族／性別／性向／宗教歧視等各種標籤。當然，這只是一部分的問題。但如果你可以把別人嚇到不敢討論，就不會有人敢對你提出質疑。多數人都會用猴子腦來面對這類問題，因此提出批判的人就會被視為敵人。可以的話，閱讀接下來的段落時，麻煩維持在人類腦的狀態。

上述這些麻煩人物並不是天生如此。猴子腦喜歡權力。擁有能夠使喚他人做事的能力，可以轉化成安全感。有些明文規定的權利，可以讓某些類型的人成為這樣的人。不過擁有這些權利的多數人其實都不會加以濫用。好比說，請假回家和小孩培養感情或照顧生病的父母，是「家庭與醫療假法」最初的目的。然而現在只要你有打一通電話給生病的媽媽，這項法律就可以讓你請兩天有薪假，搭配週末就可以去海邊度個四天連假，而雇主什麼也不能做（如果雇主去查你有沒有打電話反而會被罰）。許多人會為了私利而濫用權力和權利。

會濫用權利的人很難招惹。想教訓他們，必須額外付出心力，像是要求細節或是交辦任務。然而，這可能會變成一種進退兩難的情況，因為額外的工作會成為你找他們麻煩的證據。若組織因為害怕而放棄約束並逃避問題，就會有人跟著挑戰權威。這是很自然的發展。猶豫不決及害怕衝突的態度，是導致更多衝突發生的原因。

我曾以空降的身分，被指派去監督一位很難應付的人。這個人總是妨礙或指控長官。他看起來是那種沒有朋友的人。

我光是走進他位在獄所的辦公區，他就氣得從椅子上跳起來，瞪著我看。他朝我走來，但我在他還來不及開口之前就搶先說「跟我來」，然後轉身就走。他跟了上來。當我們走到囚犯聽不到的地方時，我直接對他說：「我聽說你是個混帳。」他深吸一口氣，準備反駁，但我繼續說：「我覺得這是因為你討厭別人，這點我完全可以接受，所以聽好了，根據我看到的，顯然你是個非常盡責的人，而我要的就只是這樣。所以，只要你繼續把工作做好，我就不會插手管你的事。根據規

> 定，我每晚必須來檢查你的出勤，但除非你先打招呼，否則我不會主動打擾你。
> 「另外，我會盡可能避免別人來煩你。如果你有任何事需要找我，你知道怎麼聯絡到我，你自己決定該怎麼做。這樣聽起來如何？」
> 他簡直喜出望外。

在上面這個例子中，那位獄卒的問題是，他不喜歡與其他同僚或長官互動。他看得出來別人在玩的猴子遊戲，而他懷疑自己贏不過別人。因此，避免在遊戲中落敗的最好方式，就是想辦法讓所有人都不想和他玩遊戲。但這次的談話有個小小的副作用，就是在那之後他似乎認為我是唯一能夠和他說話的對象，因此他老是打電話來找我聊天。

猴子腦問題的解決方式

確認地位。為了避免發生「小狗聞屁股」的爭議和問題，首先你必須做好心理準備，認知到你接下來要做的事情是放下地位之爭。這項技巧可以稱為「丟香蕉轉移猴子注意力，以便與人類交談」，我則是稱之為「技術性拍馬屁法」★。

★原注：我們之所以討厭拍馬屁這件事，是因為這是人類最能夠展現屈服的行為。但如果你的目標是把工作順利完成，那麼屈服一下又如何？你之所以會產生厭惡感，是因為猴子腦很在意地位，光是讀到這幾個要你去拍馬屁的句子，你就會感到渾身不自在。

「您可能不認識我，我叫鮑伯，是夜班的工程師。我冒昧有個想法，雖然不是我專門的領域，但如果想法正確的話，可以幫公司省下一大筆錢。可否請您幫我看看有沒有不切實際之處？」

這種說法直接表明了你在階級中的位置，也表示你很清楚自己的位階，因此對方不需要以忽視、打發或客套等方式與你較量。這種請求幫忙的方式，不但能滿足對方的自尊心，也顯示出你明白對方的位階高於自己。

對方會不會藉機把功勞攬到自己身上？很有可能，但如果你的人類腦目標是想要解決問題，功勞被搶走又何妨？當然，有時候升遷正是人類腦想要解決的問題，因此你要先想清楚自己要的是什麼。

支配控制。可能的話，在談話期間盡可能隨時提及對方的地位。不用虛情假意，也毋需過度奉承，重點是想辦法讓對方自我感覺良好，讓他對自己的地位感到安心。

沒錯，這是耍心機的手段。本書內容其實就是各種手段，但你必須知道一個事實：所有的溝通都是為了影響與操弄對方。若非如此，就無法透過談話讓對方與你產生相同的想法。我必須說服讀者閱讀本書，而在閱讀本書時，我也必須使用各種技巧確保我想傳達的資訊就是你所吸收的資訊。

我希望你能夠運用各種技巧溝通，而溝通的一個關鍵，就是與對方的人類腦進行交流。換句話說，要盡可能避免觸動對方的猴子腦。若有人覺得自己的地位受到挑戰、質疑或威脅，大腦邊緣系統就會被啟動。一旦邊緣系統啟動，嗯，接下來就得看你有多擅長跟猴子溝通了。

務必對地位保持敏感。若你的老闆情緒激動、大發雷霆或大吼大叫，這時與其給他貼上「愛發飆的白痴」的標籤，不妨試著消除他的不安全感。若你打算進行提案，就要以求助的方式開口，而不是以提供協助的姿態說話。

這裡所操弄的階級都不是真實的，而是猴子腦袋裡的影子社群所想像出來的階級。

某次在奧克蘭舉辦的衝突溝通研討會結束後，一位成員傳來了後續消息。她是一位聰明堅毅的女性，而她的老闆和她一樣聰明又固執。她們針鋒相對已久，每次的互動都像打仗。

她在課程結束後，決定開始討好老闆，而不是挑戰她的地位。她寫道，她才剛決定要這麼做，腦中的猴子就開始吱吱叫：「不行！這樣會輸，會讓我低人一等！」「我到底是想要贏，還是得到自己想要的？」換句話說，是要猴子腦的勝利，還是事業成功？

於是她帶著提案去尋求老闆的協助。這個提案一直是她們爭執不下的原因，然而這次她終於得到認可，而且還得到老闆的祝福，甚至被稱讚做得很好。這是多年來，老闆第一次稱讚她。看到這一幕的同事不免懷疑她去哪裡學的功夫，竟然像個絕地武士般給別人洗腦，但其實在整個交涉過程中，她不斷聽見自己的猴子腦嚷嚷著要跟對方打上一架。

找出團體規則。想避開猴子腦陷阱的唯一方法，就是找出規則。當你剛加入一個組織時，若是有前輩或導師帶領，仔細說明各種規定，對你會有很大的幫助。

如果你想要達到哪個位階，可能的話就找那個位階的嚮導。很多愛抱怨的工作倦怠者喜歡收編新人，告訴他們各種職場「真相」，導致新人也落得了無生氣又怨天尤人。因此，務必找個積極可靠的人做你的導師。

不管你再怎麼謹慎，總會有不小心破壞規則的時候。記得隨時察言觀色。如果某個人突然對你很冷淡，或是眾人一看到你就不說話，表示你可能犯了什麼錯。這時你要承認錯誤，道歉，詢問對方自己是不是哪裡不對。通常只要真誠道歉並展現改過的誠意，就不至於陷入太大麻煩（前提是不要重蹈覆徹）。態度真誠是重點。雖然有些人會利用這個技巧來逃避責任或是占便宜，但不可能永遠有用。

你要真心聆聽並釐清問題，然後改善自己的舉止或溝通方式。若事後你依然故我，對方會認為你當初展現的悔意是假的，只是為了脫罪的計謀罷了。

劃定團體界線。有些人會謹慎地與不同團體的人往來交流，而且被允許可以「跨界」。這些人可以成為你的嚮導，更理想的情況是你也可以成為那樣的人。

你必須觀察團體的界線在哪裡，瞭解哪些部分是可以跨越的，才能避開猴子腦的陷阱。好比說人資部的人可能比較和藹，資訊部的人對於沒有常識者可沒什麼耐性。盡可能在所有的團體中建立情誼（或合作關係，但真正的友情比較好）。

最重要的是，你要知道什麼時候團體過於保守狹隘，積極讓其他人與你的團隊合作。當你必須與其他團隊往來時，有三個要點：少言、禮貌與謙卑。

你聽過沉默是金的道理吧，少說話鮮少會引起社交災難。你仔細想想，是否不久前才因為說錯話而惹上麻煩？禮貌與尊重的原則放諸四海皆準，禮貌的基本守則就是別自認與眾不同，別以為自己比別人來得重要。

少說話和有禮貌皆源自謙卑。之所以會禍從口出，通常是因為你自認比別人聰明、懂得比別人多，而且你的想法才重要。但事實往往不是這麼一回事。保持謙卑，你不懂的事情還很多，別人可能比你更資深更聰明，這麼想會讓你乖乖閉上嘴巴，專心聆聽與學習。聆聽與學習不但對你有好處，也能展現禮貌的一面。

認真對待每個職務。猴子腦讓我們渴望成為獨一無二的存在。但這個渴望也會引發猴子腦的反應。地位不高卻想要特殊待遇？喜歡被拍馬屁？想著「我要證明給他看」？這些都是猴子腦在作祟。

很多人的工作雖然非常重要，卻不受周圍的人或社會重視。對這些人說幾句讚美的話，或是以真誠的態度對他們說聲「請」，這麼做往往會讓你的工作運作得更順利。

想要在組織內把事情做好，請認真對待每個職務的人，對他們友善一點，例如幫夜班管理員泡杯咖啡、記住櫃檯人員的生日（有時候問候她們孩子的近況也很有效）、下班後邀請大家去喝一杯，或是帶些甜甜圈給警衛吃。雖然這些都是小事，但禮多人不怪。

記住：你對別人不好，別人才會找你麻煩。待人和善並不會讓自己吃虧，與其嚴格要求對方，友善相待的策略能達到更好的成效。

猴子腦並不全然是個不好的機制。最棒的猴子是能夠照顧整個部落的猴子，一切也會因此進行得更好。

處理麻煩人物。當一位主管必須與公司的麻煩人物談論工作表現，我能給的建議其實跟律師一樣，就是記錄、記錄，再記錄。你的角色有時候就是一種限制。

這種時候該處理的問題是人，而不是問題本身。許多麻煩人物（威脅要提告的員工或是想盡辦法讓自己討人厭的人）會故意將自己與團體隔絕開來，因為猴子腦之間的政治角力對他來說壓力太大了，或是他認為自己無力參與競爭。

做主管的必須想辦法用自己的人類腦與對方的人類腦溝通。這類的人會試圖激怒或趕走對方，這些都是尋找鉤子的舉動。你要看出猴子腦在搞什麼鬼，不要隨之起舞。務必專注在人類腦的問題上。

「你又要來煩我了嗎？」

「我是來看看我們要怎麼做才能一起完成這個任務。」

大部分被貼上「麻煩人物」標籤的人，都有讓他們自己引以為傲的技能。若能好好以人類腦相待，這樣的人反而能夠成為優秀的員工，甚至重新適應組織的文化（但有時候也可能無可挽回）。

有些人喜歡傷害別人，甚至已經變成一種習慣；還有些人憤世嫉世或心懷不軌，總想著破壞別人的職涯或生涯。商業顧問通常稱呼這樣的性格為「毒型人格」（toxic personality）。我曾經請教一位顧問，遇到這種人的時候該怎麼辦，他回答：「開除。這是唯一的做法，越早開除掉越好。」

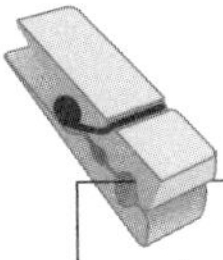

仔細觀察自己都怎麼做。要替那些麻煩製造者（又沒辦法輕易擺脫）貼上「神經病」或「毒型人格」的標籤很容易，也會讓你覺得好過一些。然而，這些人雖然真實存在，卻不常見。不要以此為藉口，任由自己未嘗試就先投降。勇於嘗試、不輕言放棄，才能創造成就。

要記得，貼標籤是一種他者化的方式，是源自猴子腦的行為。當我們開始將某個人分類，人類腦解決問題的能力就會下降。

當你必須與某個麻煩人物談論工作表現的問題時，務必保持冷靜。盡可能多問問題，而非一味發表自己的看法。你的提問必須明確，內容必須符合職場規定（這類的人都非常熟悉規則，甚至認為沒有人會詳讀相關規定，於是隨口捏造）。因此，別說「這是你的工作」，你可以說：「這不是你的職責範圍內的工作事項嗎？」你要複述他說的話：「你的意思是，公司支付薪水請你做的事，你不打算去做？」

在處理爭議問題時，最好要有其他證人在場並留下紀錄，千萬不要跟麻煩人物私下接觸。必須設下工作期限時，一定要非常明確，例如：「這份工作必須在下午三點前完成並交到我手上。若沒做到，這個過失以及我已經當面交代過你等過程，都會記錄在我的工作日誌中。」

在談話過程中，千萬不要在細節上打轉和爭執。最容易逃避責任的方式，就是問主管是否對每個人都下達了同樣的指令。若你身為主管，你的猴子腦會很想辯駁，想讓對方知道自己有幾兩重。但千萬別這麼做。

如果你必須解釋什麼事，就向上級報告。唯一需要跟對方解釋的事情，只有目標與方法。若他能理解你的目標與想法，你們就會成為隊友；若無法理解，他只會覺得自己是顆棋子。鼓勵對方為了團隊而成長與學習。為了工作利益而培養勢力，或是只做工作上要求的事，都不是值得鼓勵的事。

若需要向上級解釋，內容應該要與事實和數字一致，而且要根據組織的目標。「老闆，每天下午五點前提供日報表給您是我的職責。我必須在三點前收到員工的報告，才能在五點前向您回報，但理查森在截止期限前都沒有交出報告。我已經問過他也跟他解釋過，並且詢問及指導他四次了，這些都記錄在檔案中隨時可供查閱。因此，我對他下達了命令，必要時將以違反公司規定為由進行處置。」

這麼做無關乎猴子腦。一切都是基於明確的目標，而且這些目標都是組織給予的任務。你可能會被問到一些猴子腦的問題，例如：「根據投訴，當他問你是否給了別人同樣的命令時，你拒絕回答。」你可以平心靜氣地回答：「當然，先生。我在極少數情況下，當我必須命令某個人去完成他的工作時，我不會再閒扯淡。我不會把其他員工的事告訴他，也不會把他的事告訴其他人。」

各種不同型態的團體與團體關係

一般來說，團體可以分成兩種，各有不同的動態關係、溝通言語、目的以及社交規則。在同一個組織內，不同團體可以也確實能夠並存。然而這也是造成不同階層之間溝通不良及缺乏信任的主因。

第一種是**目標導向的團體**，團體的目標是完成任務。成員在組織中的地位取決於對任務的貢獻多寡。努力工作、有腦袋、有創意是被重視與獎勵的特質。辦公室派對或員工野餐之類的活動則沒有必要，因為團體的目的不是為了交朋友，任務一旦完成，成員就各自散去。有些人無法接受任務完成後就散場，因為共患難的關係有時比家人還要緊密。

這種團體的標準例子包括專案小組、特遣部隊、專業團隊，這些人為單一任務集結合作。而戰術部隊也是目標導向的團體，像是特殊武裝突擊部隊（SWAT）或特種部隊。

第二種是**存續導向的團體**，目的是延續組織的壽命。成員的地位由頭銜及服務年資決定。努力工作、表現優良可能會受到獎勵，不過更重要的是讓大家都好過。創意通常會威脅現況，所以大部分存續導向的團體都不鼓勵創新。社交儀式則是這種團體的命脈，例如整新成員的慣例或是團體公約。

單一面向的團體不常見。即使是極為目標導向的團體，往往也需要處理諸如訓練、後勤等等庶務，除非只是一次性的任務。而就算是最官僚的存續導向團體，也有工作及任務需要完成；他們偶爾也會遇上危機，需要目標導向的思考者。一個組織可以有也必須有上述兩種團體。

第一線人員，像是警察、醫護、工廠勞工，都是有任務在身的成員，各有負責巡邏的區域、有病人要照護、有生產線要顧。事情沒做好就是失職，所以他們往往是目標導向的團體。

在目標導向的團體中，認真工作會贏得讚許，成就也是以完成的任務或解決的問題來衡量，在辦公室待幾個小時倒不是重點，任誰都看得出來到底是誰在裝忙。

管理者重視組織的存續，他們的職責就是確保組織長存。當然，把基本工作（巡邏、治療、生產）做好是很重要沒錯，但其他事項可能會造成更大危機，例如訴訟、資金短缺、媒體爆料，都會對組織造成傷害。

記得，對猴子腦而言，認同危機跟死亡威脅沒兩樣。媒體爆料導致高層下台、訴訟耗盡公司資金，這些都是極大的危機，也會造成立即的重大傷害。相較之下，基本工作沒做好是一種慢性傷害，沒那麼立即又明顯，也沒那麼嚇人。

行政管理的重點是「關係」：與其他組織和企業協調、交易，設定預算或爭取預算，以及管理公司形象。如此一來，自然團體內部也很看重各種關係。決策流程、會議、組織結構圖等等都是用來確立及維持組織認同的方法。

在多數的大型組織中，都能見到管理階層與第一線人員之間的文化鴻溝。這兩群人重視的東西不同，溝通方式也天差地遠。雙方都認為是自己支撐著整個組織：勞工的付出讓組織可以產出服務和產品，這是組織存續的根本。管理者維持組織運作順暢，抵禦工作者可能根本沒有察覺的外來威脅。

這是大而無當的壁壘，就像多元文化團體中的文化鴻溝。還記得我的慘痛經驗嗎？在那個故事裡，我一次犯了四個猴子腦問題。

一、管理者將財務危機昭告員工，目的不是求救，而是要吸引注意，告訴大家說他們會成功讓組織存續下去：「問題很嚴重，不過我們正在努力處理，別擔心。」

二、這個訊息送到四百多名員工手中之後，以解決問題的能力來衡量自身價值的員工把它視為呼救訊號。

三、我基於敬重而把自己的提案交給隊長，希望這些點子可以對這位老友有所幫助。

四、隊長卻將我的提案解讀成**不敬**。對他來說，我這位多年的同事仗著與他的交情，直接闖進辦公室告訴他：你這個隊長無法做好分內事，而我這默默無名的工蜂可以為組織省下五十萬美元。

於是這件事很快就演變成地位問題。在目標導向的世界，只要你能展現解決問題的能力，你是誰、你位於哪個階層都不是問題。而我當時的直覺確實就只是想找出解決方案。

然而在存續導向的世界中，地位取決於遵守規則與儀式的能力。我當時繞過規則走，所以我的行動被解讀為侮辱及挑戰，是藐視權威之舉。

再舉一個例子：讓戰術部隊的人參與預算會議絕對是不智之舉。

你接到通知：下個月的會議中，請提供所屬單位的預算數字。

你立刻心想：「搞什麼，幹嘛浪費時間開會，不過就是個數字嘛。」

好吧，於是你跟團隊成員討論過後，決定了一個數字。你們知道組織面臨財務危機，所以盡量降低預算：最低訓練日數、候補、彈藥支出、非耐久性設備更換、必要外訓預算、根據過去四年的平均數預設加班預算等等，最後得出了一個數字。

你帶著這個數字參加會議，一邊想著光是在會議上浪費掉的時間，就足以消耗百分之五的預算，而且會議內容明明只要一封 email 就能解決。

然後他們問：「你需要什麼？」你說了。他們卻說：「我們要再討論一下。」搞什麼啊！

「為什麼你們需要這麼多預算？」

「保住人命啊。不然我們在這裡幹嘛？」

對我這樣的人來說，從未想過年度預算大會其實只是個建立團隊精神的活動。

反應劇本是潛意識的，它啟動的速度遠比有意識的思考來得快。在商場中，這樣的反應往往導致很多人錯失機會，事後徒傷悲。

有人重視目標、有人重視關係。雖然人們通常是在志同道合的團體中比較快樂，但是一個團體裡同時有這兩種人很重要。

目標導向的人經常忽略了感覺，不會多做維繫感情的事。他們不需要團體聚會，也不會為了誰升遷或誰退休而舉辦派對慶祝。一個團隊若只有這樣的人會很無趣。倘若團體中有一些重視經營關係的人，將有助於建立情誼，也能讓平時的氣氛變得更融洽。通常目標導向的團體在危機中表現很好，但是在太平時期就顯得死氣沉沉。

存續導向的團體確實需要一些目標導向的成員。為什麼？其一是為了讓成員保持在正軌上運行，提醒大家完成基本任務；其二是目標導向的人危機處理能力比較高，面對混亂的局面，針對問題下手好過繼續搞關係。

團體中若有人可以理解並參與其他團體，將很有助益，好比說目標導向的管理者可以協助關係導向的團隊與目標導向的團隊溝通。當然，存續導向的人若待在目標導向的團體中，可能會無法理解團體思維而被其他人疏遠；反之亦然。而一位管理者如果可以與下層員工溝通無礙，卻無法理解其他管理者的想法，也不是件好事。

常見的例子是，有些團體成員不受同儕尊重與歡迎。對工作者而言，最重要的是解決問題的能力以及認真工作的態度，而不受歡迎的人可能是到處東家長西家短、做事不專業又常愛找上級攀關係，這類人常被形容為「馬屁精」。從另一方面來看，管理者欣賞的卻是重視且理解關係、溝通、政策規則的人。這樣的人經常能夠平步青雲。其他員工會認為他是逢迎拍馬，管理者則認為他懂得管理需求。而無論是員工或管理者，雙方的猴子腦都會將這個人所受到的對待拿來作為他者化的證據。

想想看，你看過多少工作表現不佳的人卻得到升遷。目標導向的人會認為這樣不對，這種情況讓他們很受傷，畢竟升遷是一種獎勵，工作表現良好才值得被獎勵啊！對目標導向的人來說，老闆簡直蠢斃了，竟然被愚弄（有時候則是抱怨「老闆只會提拔同類的人」），甚且覺得自己就是太認真才會被懲罰、被看不起。

但對存續導向的人來說，升遷不是獎勵，而是為了平衡組織的需求。一個人之所以升遷，不是因為工作表現多好，而是他看起來很適合往上一層發展。老實說，有些人在第一線的表現差強人意，但是到了管理階層卻對組織頗有貢獻；也有些勤奮的人一旦進入管理階層，就猶如魚被拋上了岸，什麼都做不了。

以下是目標導向及存續導向團體的特性：

- 政府機關通常是存續導向的團體，原因包括預算限制、官僚文化、勞動法規等等，就算組織裡有積極完成任務的人，整個團體還是偏存續導向。人民追求的往往是目標導向的政府，可是最後許多有待解決的問題卻是交給了存續導向的團體。
- 存續導向的團體要的不是完成任務後就解散；他們追求的是逐步小幅成長。
- 在存續導向的團體中，迎新儀式有兩個目的：一是提醒菜鳥的地位，二是讓菜鳥透過儀式擁有與其他成員相同的經驗，這些經驗往往難堪或不好過，卻讓成員之間有共通點可以聊。
- 目標導向的團體則是會給新人測試；緊急小組的測試可能非常累人、危險又困難。這些測試的目的是要剔除任何可能危害任務的人。這樣的測試並不是用來讓新人難堪的，畢竟讓新人丟臉對任務成功與否毫無幫助。他們期待的是透過行動來產生共識，而不是藉此建立團隊情誼。

• 要辨識是哪一種團體，只要看看遇上危機時由誰主導運作。如果面對危機時，最資深或最高層的人負責掌舵，應該是存續導向的團體；若領頭羊是由有具體經驗或相關訓練的人擔任，而不只是看誰的頭銜大，那麼必定是目標導向的團隊。

在一個組織內，目標導向及存續導向兩個團體的關係可能是加分，也可能是致命傷。他們是共生的，雙方都需要彼此以維持組織運作。一般來說，組織是靠第一線工作者提供的產品或服務來維持的，例如打擊犯罪或是製造鋼鐵，這也是顧客上門想要取得的東西。但是一個組織必須面對複雜的往來、輿論、政治、名聲及關係等等面向，為了存續和茁壯，需要專業人士來處理這些難題。

最好的情況是兩個階層彼此尊重。但雙方變成敵人時，對組織是一種危害。我見過最致命的關係是在執法單位內，第一線人員都認為管理者害怕出任務才會想要往上爬，而管理者則覺得除非是笨到無法通過晉級考試，不然誰會想要留守第一線。

英國陸軍軍官威廉·巴特勒（William Francis Butler）曾說：「堅持要在思想

家與戰鬥員之間畫出一條鴻溝的國家，將會發現戰鬥是愚蠢的人在執行，思考則是懦夫的事。」這句話充分描繪了團體對立的危害。

管理及領導

有人說，如果你不知道領導和管理的差別，你一定是個管理者。不過就算你知道兩者的不同，也不表示你能將之形諸語言或文字，或者能夠加以解釋。我讀過的領導學書籍幾乎都在談管理，由認為自己是領導者的管理者所寫。唯一例外是保羅．浩爾（Paul Howe）的著作《從戰鬥看領導及訓練》（*Leadership and Training for the Fight*）。

管理者所做的事是建立系統。他們想要創造一個系統，一套網絡和政策，以排除管理中人的要素。管理者想要相信（並且主張）所有人都是平等的，所有人員都是一樣的，應該獲得相同的待遇。他們相信只要有一套完美的系統，它就會有效順暢地運作，不論實際執行者是誰都無妨。

這就是管理跟領導的第一個差異。相較於領導者，我認識的管理者更常談論「尊重」和「多樣性」，但他們創造的系統往往卻又缺乏人性。也就是說，管理者一邊將人簡化成數字或是機器中的齒輪，一邊又強調「尊重多元」，然後主張說他們只是想要追求公平。

這麼做有助於將人際衝突降到最低——將組織中猴子腦的元素去掉。如果你是一個管理者，當然不會想要擔起叫別人捲鋪蓋走路這種責任。比較方便的做法是，當個訊息傳遞者，告訴對方說以公司的政策衡量，他已經無法適任。對方被炒魷魚是組織政策的結果，不是你的錯。當然，組織裡還是會有衝突發生，但是你可以假裝那不是針對任何個人而起的衝突。只要照著規則走，管理者不用為結果負責，因為不是他做的決定。

還有的情況是：管理者設計出一套不受人為因素影響的工作流程。換句話說，管理者認定，只要去除人性的元素，產品就會完美無瑕。

重點是，這樣的策略是有效的。話說這種作風如此普遍，若是無效可就不妙。只是這樣的系統有其嚴重瑕疵，第一個缺點就是缺乏彈性。面對緊急情況，最好的對策恐怕不是固守標準流程，除非這個緊急事件完全在預料之內，事先也寫好了應變策略。另一方面，若系統缺乏彈性，也可能導致錯失良機。

第二個明顯的缺點是，有些人就是擅於操弄系統。不管系統的設計及立意再怎麼良善，心懷不軌的人就是會利用好系統來為非作歹。

第三個缺點是，遲早有一天，維持系統會變成最重要的目標，例如醫院的目標變成競爭生存而不是醫療病人；政府的施政重點在於保護及推廣政黨，而不是照顧人民。**怎麼做**（是否遵照程序）變得比**做什麼**來得重要，所以會有工人因為捍衛自身的權益而遭解僱，醫護人員必須鉅細靡遺記錄他們穿戴的安全設備，至於是如何從遭壓垮的車子裡救出病患卻不用詳細記載。

學校施行的暴力零容忍政策大概是最糟糕的例子——受害者得接受跟加害者一樣的懲罰。這導致受害者隱匿霸凌，而管理者竟也就相信霸凌事件真的減少了。從結果看來，犧牲了真真實實的人，只為了帳面上的數字好看。

相較於管理，領導真的更好嗎？很多人嘴上說支持「領導」，但是「管理」之所以無所不在有其原因。大部分人比較願意被管理，而不是被領導，因為在領導的情況下，追隨者需要付出更多，也必須負起責任。

在管理系統中，說一句「我都照著規定來，不是我的錯」就足以卸責。但是領導者會說：「別拿規則當藉口，你明知道會有這樣的後果。」

在領導之下，唯一能保護你的是個人的實力，而這會讓很多人感到不安。相對來說，接受管理的團隊或許創造了沒有靈魂的機器，但是許多人卻覺得安心，因為這個機器有白紙黑字的規則及階層，而規則跟階層是猴子腦的最愛。

領導關乎的是人，而不是規則。搞砸任務時要被斥責，表現良好時也會獲得讚賞。領導帶來的成效未必比管理好，而且當個差勁的領導者比當個差勁的管理者容易，帶來的傷害也更大。反之，當個好的領議者也比當個好管理者容易，對組織的貢獻也更大。

這也是領導與管理的差別。管理系統讓底下的每個小齒輪都能夠輕易被取代，連管理者本身也可以被取代。所以管理者本身有沒有能力，對組織的影響相對就變小了。所以管理適合那些害怕犯錯而非害怕做不好的人。

這是很常見的二分法，有時也是一種性格特質。對某些人而言，這種傾向會隨著情況改變。對你來說，成功比較重要，還是避免失敗？

組織會隨著時間改變。公司或團隊剛起步時，總是創新、敢於冒險、努力地把事情做好，期望博取好名聲。一旦成功後，重心就會從「獲取勝利」轉移到「避免失敗」。好的領導者善於爭取勝利，不好的領導者破壞力也十分驚人。隨著組織成長並獲得名聲和市占率之後，必然會轉向以管理為主的系統。

原本我非常不解，為什麼多數人都會覺得領導者的個性強硬又自我呢？畢竟領導可是一種人際關係的處理技巧。反過來看，我接觸過的管理者總是強調尊重個人、追求公平，卻又創造及維持著那些刻意抹除人性的系統。

但若是從避免個人責任和減少人際衝突這兩個層面來看，這麼做有其道理。那些把「尊重多元」掛在嘴邊的管理者，想要的是大家表面不同但想法一致，這樣就可以避免衝突。作為領導者，則希望成員的背景盡可能多元，因為面對一個問題，如果大家的想法不同，就會有不同的處理角度。衝突當然會增加，卻能有效解決問題並達成目標。

領導地位不是靠主張或命令來的。很多人想要主導或是取得領導地位時，採取的策略是大聲嚷嚷、咄咄逼人。但那不是領導，那只是猴子腦覺得受到威脅時的反應。猴子腦會以為策略奏效，因為大家會紛紛走避。但是旁觀者都知道，那不是領導，而是「失去」理智。

領導地位不是要來的，而是別人認定的。如果你需要證明自己身處領導地位，那就表示你知道你不是。很多時候我走進獄舍時，值班人員正要失去理智破口大罵時，我只是簡單地說：「各位，請坐。」然後我就先坐下。只要我深信不疑，囚犯們也不會挑戰我的地位。聽起來有點玄，但其實道理很簡單：一旦你認定自己是權威，你便是權威；領導地位不是用怒罵取得的。

好的領導者不會尖聲怒吼，他會在眾人驚慌失措時顯得泰然自若。這就是所謂的領導。

加入新團體

當你剛加入一個團體時，沒有人在乎如何解決人類腦的問題，也不在乎你能不能協助解決問題。大家首要關心的是你適合什麼位置。對此不同團體有不同的處理方法。達格妮・塔夫特（Dagney Taggert）曾寫道：

幾年前我被分派到緝毒隊（成員以男性為主）。我興奮不已，想要趕緊大展身手一番。該團隊人數不多，我想我必須好好貢獻，不能拿新人的身分當藉口。

然而當時我以為的熱忱和好點子，在他人眼中卻成了態度傲慢、目中無人。我是個隨和的人，一般來說跟每個人都能相處得來，所以這種情況令我非常沮喪。更惱人的是，在進入這個小組之前，我早就認識這些組員們，也處得還不錯。

工作環境令我受挫不已，幾個月下來，我不得不找部門的心理師談談。我把整個情況告訴他，也坦白說我不知道為何會變成這樣子。我每天都想要認真工作表現，但是狀況卻越來越扭曲惡化。他跟我分享了他的親身經歷。

幾年前他曾經加入一個研究團隊，他是隊上唯一的男性。他與其他成員相處融洽，沒什麼問題發生。不過後來一位新的女性成員加入，不斷暢談她的想法跟意見，他記得自己當時有被冒犯的感覺，心想：妳以為妳是誰啊？

但他注意到一個明顯的差異，那就是其他女性成員都非常歡迎她加入，也樂於聆聽她的意見。他這才驚覺，啊，原來我們想的真的不同！

他表示，男性傾向以「階級」的方式運作，女性則以「團隊」的角度思考。所以是我的積極態度害了我。男人認為自己必須努力向上爬，才能獲得尊重；女人則認為要獲得尊重，就必須立刻做出貢獻。

去年我自願加入部門的單車隊。當時隊上也全都是男性，於是我心想，沒問題，這次我會用不同方式融入，我會遵守基本工作倫理——頭一個月先「跟隨」眾人的腳步，再慢慢找到我在團體中的定位，這樣做應該行得通吧？

完全沒問題。那是我參加過最棒的團隊，瘋狂又有趣。面對多數是年輕男子的團隊，我的融入方式效果頗佳，我跟大家一樣在階層中慢慢往上爬，也獲得他們的尊重。

如同先前提到的，許多團體會有正式或非正式的迎新儀式，目的有兩個：一是讓所有成員有共通點可以交流；二是讓新人意識到自己的地位。

此外，也會有正式或非正式的試用期，這段時間新人必須接受評估。表面上是要評估能力與技巧，尤其是在正式的試用期間更是如此。但實際上評估的重點在於新人能否融入團體。

試用期要測試的是團體價值。如果團隊重視的是自主能力，新人就必須善於獨立判斷；如果重視的是團隊情誼，新人會受邀參加社交活動或一起去喝一杯……看看他酒後是否會出洋相。有的團隊要的就是那個洋相，彷彿這樣的戲弄讓大家更接近彼此。多數人不會喜歡跟比自己嚴肅的人相處。

記得，猴子腦喜歡跟猴子腦打交道。要是有誰太常用人類腦思考，其他猴子腦會覺得他很可怕、難以預測。警察學校的訓練課程直接明瞭說道，千萬不要錄取「自我實現」的需求太過強烈的人：「這種人只會做自己想做的事情，而非聽命行事。」對此我不同意，不過這句話確實代表了普遍的想法。

加入新團隊之初，多看、多聽，但別多說。多聽別人怎麼說。先觀察階級分布，瞭解階級是如何決定的，然後選擇你想要棲身的哪一個階層。一切按照順序來。如果要在團體中往上爬的關鍵是年資，你就必須耐心等待；如果關鍵是簽下大訂單或是業績，那就力求表現。你必須先觀察並理解團體裡的階級。如果你想要成為領袖、解決問題的高手、眾人諮詢的對象，你必須讓自己的行為舉止符合這些角色需求，而不是追求你想像他們應該有的模樣。

頤指氣使並不是領導者的風範，真正的領導者很少會咄咄逼人。如果你看到一個領導者有這樣的表現，他肯定是對於自己現在的地位缺乏信心。盛氣凌人通常是表現不好、心裡不安時會出現的肢體語言。

看看組織裡真正的領導者是如何做人處事，加以仿效。可別只學他的行為，也要觀察他是如何聽別人說話、聽誰說話、他都花時間在做些什麼。在非正式的階級中，你看起來像哪個階層的人，經常就會得到相對應的對待。由此你也就變成那個階層的人。而在新的團隊中，可能性比較多，因為階級尚未完全定型。應該注意的重點都一樣，若你想要爭取領導地位，同樣要經過一番競爭。

首先，確定你想要什麼，以及你願意付出什麼代價（時間、意願及努力）來達成目標。做出決定。研究準備。尋求同盟。這是人類腦上場的好時機，有些人在行，有些人則不行。而在局勢未定之際，例如新團體形成時，人們會希望有計畫可循。所以首先你要擬定計畫，接著是提出計畫，尋求越多人支持越好。記得不要招惹猴子腦。想要得到更多支持並減少猴子腦的衝突，那就謙虛地請大家幫忙改善自己提出的計畫，而不是驕傲自滿。尋求支持時不要偷偷摸摸。雖然密謀會讓團隊的連結更緊密，但如果你的目標是領導地位，不要鬼鬼祟祟，那是沒自信的猴子腦會做的事情。當爭霸戰來到時，盡量保持人類腦清醒。

其他的需求

本書絕大部分探討的衝突問題，都是源自於馬斯洛需求層級的社會需求及尊重需求。而確實現今社會上多數衝突的源頭，也是這兩個需求。

然而如果你認為處理社會衝突的技巧也可以用來處理其他種類的衝突，那就掉入危險的陷阱了。我必須嚴肅地說，這樣的誤解可能會讓你丟了性命。所有促進人際融洽的技巧都有可能變成掠奪者的工具。

再好的溝通課程也只對願意溝通的人才有效。如果一個人驚慌不已，蜥蜴腦全開，他是聽不進任何話的。而人類腦清醒（人類腦和蜥蜴腦混合更是危險）的掠奪者是危險的獵人，不會將人當人看待，溝通技巧之於這樣的獵人，如同鴨鳴器之於手持散彈槍的人，只是用來操縱的工具。面對這樣的威脅，我們要解決的問題無關乎猴子腦，你必須讓他的人類腦選擇別條路走。

面對因生存恐懼而瘋狂的人，該如何處理

這跟**真正**的生存恐懼其實無關。假如有什麼東西威脅到你最基本的需求（快

溺斃了或被攻擊），蜥蜴腦會自動接手，而它的缺點在於：不相信也不會記得訓練時所學到的一切，更不要說只是在書裡讀到的知識。

在這裡要討論的是，面對進入「求生模式」的人，如何以你的人類腦來加以應對。一個人會進入求生模式可能是受到真實存在或感受到的威脅（溺水、火災或其他突發的危險，讓人恐慌而無法思考）、不良藥物反應、精神失常所導致。觸發的事物或引發恐慌的核心原因都不是重點，畢竟連臨床經驗豐富的醫師都無法靠短暫幾秒的接觸來判定病患為什麼出現異常行為。你要處理的不是診斷分析，而是人的行為。

獵物在搏命時，你會看見牠為求生存而戰的瘋狂和力量。這在人類身上很少見。當一個人被掠奪者攻擊時，他會本能地手腳亂踢亂揮、尖叫或是癱軟在地。好幾個世紀以來，人類疏於認識與運用面對攸關生存的衝突時該如何應對。隨著狩獵及決鬥的時代過去了，人們已經遺忘大部分的求生技巧，留下的多是未經用的本能。

面對攸關生存的暴力，想要透過話語來降低劍拔弩張的程度幾乎是不可能，因為那種被威脅的感受是發自古老的內心深處，讓人完全只顧個人生存。蜥蜴腦不會用邏輯思考，也無法理解話語的意義。跟蜥蜴腦是不能說道理、不能協商的。

在這種時候，面對受到驚嚇的動物的做法或許能派上用場：發出低沉、細微、和緩的聲音。用簡單的話說就好，甚至不需要是他們可以理解的語言。善於與動物相處的人通常也擅長處理嚇到什麼都說不出來、什麼都無法思考的人。

要降低生存衝突的暴力，有下列幾個重點：

- 確保自己安全無虞。動物被逼到死角時，會變得危險至極、行為難測；當人類面對生存威脅時也是一樣。你可以嘗試用話語讓對方冷靜下來，不過在這種情況下，別太依賴語言。別認為在所有情況下人都能講道理。
- 請思考在這種情況下，你是否真的需要解決眼前的狀況，甚至是否有必要待在原地。若你身為警察、醫護人員、老師及其他照護者，答案自然是肯定的，因為你有任務在身。務必注意自身安全。倘若你並沒有任何責任或任務，先確定你有沒有必要待在會置你於險境的地方。
- 可能會發生肢體衝突，請預做準備。這類衝突鮮少能透過遠距解決，如果可以透過擴音器或是電話溝通就讓對方冷靜下來，大概也不是蜥蜴腦在作祟。正因為必須近距離面對，情況一旦惡化，蜥蜴腦驚人的速度和力量會即刻爆發，請做好準備。

- 如果可以的話，降低周遭的刺激。吼叫、警報器及吱吱作響的無線電對講機只會讓對方更害怕。把燈光調暗、請不必要的人離開，盡量減少說話及動作、關掉音樂和電視。（請自行用常理判斷，如果他盯著閃爍的電視螢幕，也沒傷害任何人，就讓他繼續看著電視催眠自己吧。）
- 控制說話的速度、語氣、頻率和音量，保持緩慢、低沉以及規律。人類的後腦區，也就是掌管生存的蜥蜴腦，同時也是人類感受節奏的地方。如果他對你說的話沒有回應，簡單的節奏可能還是管用。
- 假如你必須引起對方注意，先大聲呼喊，再由強轉弱：「嘿！嘿！嘿……」
- 用簡單的話語溝通，不過別語焉不詳（若再加上高音、聲調誇張起伏、把對方當傻瓜，通常只會造成反效果）。
- 不要有意外。告訴對方接下來你要採取的行動。先描述行動，再採取行動。「我現在要伸出我的右手，握住你的左手腕。」接著採取行動。「我現在要給你左手腕上手銬，避免我們兩人受傷。」接著採取行動。

要降低生存衝突的暴力，關鍵在於降低對方的恐懼。在與對方的人類腦打交道之前，必須先安撫對方的猴子腦；同理，如果蜥蜴腦已經被觸發，就必須先安撫蜥蜴腦。兩個常見的策略是：消除恐懼的觸媒，或是讓腎上腺素退去。

我們不一定總是能夠把造成恐懼的原因給排除掉，而且就算排除了，還是需要時間復原。舉例來說，如果屋子裡有隻老虎，人們當然會嚇得半死，等老虎被趕走了以後，眾人也需要一段時間才有辦法冷靜下來。

然而，有時候這個催化劑是來自心理或化學反應。一定劑量的心理治療藥物才能夠讓受驚嚇者冷靜下來，而這往往需要幾個月的時間。毒品要排出吸食者的體內也需要好幾個小時的時間。在能夠確保安全的情況下，只要耐心等待時間過去，通常危機就會解除。運用這個策略時，有兩點要謹記：

一、你可能就是那個觸媒。如果你跟對方的關係不太好，或對方認定你是罪魁禍首，抑或他害怕你的身分（例如警察或男性），這就不是能夠立刻解決的事。如果有人可以幫忙，就把協商交給其他人進行吧。

二、驚弓之鳥無法理性思考，無法運作人類腦的功能。比如說，在他眼中，人質救援小組跟挾持犯之間沒什麼不同。就蜥蜴腦的觀點，救援小組就是一群可怕、帶槍的陌生人。

第二個對策是等腎上腺素退去，這需要時間。仔細觀察，你會發現這些其實都是在告訴我們，在溝通時不要再次刺激對方。當對方已經亂了套，不要再驚嚇他，讓腎上腺素退去吧。

說是這樣說，不過我曾經看過一名男子對著鏡子裡的自己尖叫至少十二個小時，而且未見停止的跡象。這種症狀被稱為「興奮性譫妄症」（excited delirium），律師主張這種疾病並不存在，但法醫手冊中有列出這個症狀，急診室的醫護人員也會接受相關訓練，學習如何照顧興奮性譫妄症患者（基本上就是要快速注射苯二氮平類藥物）。

病患體溫會上升（解剖時曾發現，因此而死的患者肝臟溫度超過攝氏四十二度），也會出現冒汗、脫衣服、攻擊性、低吼或大叫。我曾目睹這類患者咬傷自己的舌頭。此外，他們常常會想要打破玻璃。在有些個案中，患者會激動狂暴直到心臟衰竭為止。

一位曾與我共同面對上述案例的同僚，多年後憶起當時的情況搖頭嘆息：「我環顧四周，才發現我們六個魁梧的男人還是無法應付那個病患。」當時那位病患就是暴躁不止，直到心臟衰竭而亡。

很多原因會導致人類進入為生存而戰的模式，興奮性譫妄症不過是其中一種可能。其實光是恐慌就足以讓人瘋狂。在大部分案例中，只要追根究柢都會找到恐慌的要素。

這在心理異常的人身上很常見。當一個人情緒失常或患有精神疾病，他無法判斷身旁的人是打算伸出援手，還是對他痛下毒手。

當你被狼群攻擊時，奮力抵抗到最後一刻確實是很好的策略。這個策略說不定能救你一命，就算你沒有成功脫逃，至少你的家人會有時間逃走，甚至這群狼以後看到人時可能會再三考慮要不要發動攻擊。人類演化出最後一搏的生存策略有其道理。

如果你必須跟準備做最後一搏的人對抗，這跟一般的衝突不一樣。即使是訓練有素的武術高手，在面對生存危機時也會忘記武打技巧，像驚慌失措的動物般胡亂攻擊。但這不代表他變得比較好對付，危險程度甚至會升高，因為沒有人知道接下來會發生什麼事情。

一般來說，強力制伏（pain compliance）在這種情況下並不管用。有人認為這是因為情緒失常的人無法感受到疼痛，我不認為。強力制伏是一種隱性的協商：如果你冷靜下來，我就不會再傷害你。換言之，強力制伏是一種溝通。而人類在生存模式下，可能無法理解溝通的含義，因此也不認為要停止反抗。他可能不記得要如何投降了。

在這種情況下，強力制伏無用武之地。即使情緒失常者受傷或累了也未必會停手或冷靜下來。對一般人而言，受傷後產生的恐懼與情緒反應，足以讓人停下暴力行為，才能避免更多身體傷害。不過蜥蜴腦不懂這個道理，它認為自己快要被掠食者給宰了，唯有更用力反擊才能存活。

要怎樣才能讓蜥蜴腦冷靜下來呢？恐怕只有中斷供給的血液吧。

面對掠奪者，該如何處理

掠奪者的目的可能是為了滿足安全或自我實現的需求。但無論是基於哪種需求，他們就是想要從你身上得到些什麼，他們會將你他者化之後，以暴力奪取他們想要的東西。

為了安全需求而行的掠奪，目標往往是有形的東西，不是錢就是食物。工業化後的西方世界，掠奪的目標經常是錢或毒品。毒癮者為了取得毒品什麼都幹得出來，就跟父母為了保護孩子不挨餓什麼都願意去做一樣。

若一個人是出於自我實現的需求而傷人，可以說他是享受傷害別人這件事。他不會為此煩惱、猶疑或覺得羞恥。他完全以此為樂，這就是他想要做的事情。許多非常暴力、儀式性和病態性的凶手完全就是為了自我實現而行動……而有些人就是喜歡操弄身旁的人，基於好玩而製造衝突、激起對立。

這兩種暴力掠奪者的策略十分雷同。他們鎖定的受害者必須能滿足他們的需求，所招致的風險又是可以接受的。最好是無人目擊的地方，或是把受害者帶到沒有人看得到的地方。接著他們會透過心理威脅讓對方服從，或是讓對方變得無力反擊。

受害者是根據需求和風險而選定的。這樣的犯罪不是隨機的，受害者都是被選定的。為了安全需求而行動的人，可稱之為資源掠奪者（resource predator），他需要有形的東西，所以受害者必須有錢或是身上有值錢的東西。而為了自我實現需求而行動的掠奪者，可以稱之為過程掠奪者（process predator），這種類型的人較難一言以蔽之；不同的過程掠奪者尋求不同的刺激，有的專挑高壯的男性下手、有的喜歡看女人哭泣、有的會傷害長得像自己媽媽的人。

如果你身上沒有他要的獎賞，你就不會被挑上。問題是，我們無從得知那些歹徒追求的是什麼。另外，即便街友也會互相打劫，所以就算你刻意穿得寒酸，也未必能確保不會受害。

掠奪者也會挑不太可能傷害他們的人，尤其鎖定外表、動作、說話方式都透露出不會反擊的受害者。不管是膽怯退縮，或者愛交際和過於客套的人，都是可能的受害者，因為它們的猴子腦非常容易預測。掠奪者肯定希望找一個處在猴子腦模式的受害者，因為他的行為可以預測又安全。因此，面對這樣的掠奪者，你要降低自己在他眼中的獎勵性，提高風險性。做法是表現得果敢堅定、自信自在、不要輕易被操縱；另外，結伴同行、隨時小心謹慎，也會讓掠奪者認為你屬於高風險獵物。

孤立受害者。掠奪者必須讓受害者無法求救，方法如下。

一、在人跡罕至的地方尋找目標。本書附錄將探討如何評估威脅程度。保持距離，如果有人持續靠近你，請做好反擊的準備。

二、守株待兔。掠奪者可能會鎖定特定的特質，例如喝醉的人或獨自慢跑的女性，而具有這些特質的人會出現在哪些地方是可以預測的，像是酒吧停車場或慢跑步道。你要學習辨識這些危險區域，觀察哪些地方容易有人埋伏，並在靠近這些地點時保持警戒。有時候歹徒在鎖定受害者之後，必須蒐集情報，好得知要在哪裡守株待兔，所以請避免把資訊洩漏給不必要的人。陌生人不需要知道我們住哪裡、我們的課表、何時會出門度假等資訊。

三、尾隨受害者。你可以利用影子，隨時注意是否有人跟蹤你。

四、恫嚇威脅。他可能會亮出武器說「跟著我走」，或是威脅你的家人。這時候你一定要用人類腦思考：如果你和家人都遭到挾持，而你有機會脫逃，最好就先逃走。猴子腦會說，這樣做不就是棄家人於不顧；但人類腦會瞭解，這是向外求援的唯一方法。

如果對方說不想傷害你，聽起來很合理吧？一般人不會想要傷害別人吧？倒不如就配合他吧。這就是猴子腦的思考陷阱——跟著劇本走，一切都會沒事的。

但人類腦必然能明白：如果他真的不想傷害你，為什麼要在沒人注意的情況下，把你帶到這個地方？

五、把人騙到人跡罕至的地方。請小孩幫忙找不見的小狗；跟小朋友說爸媽發生了意外，所以請陌生的叔叔阿姨來把他帶到醫院找爸爸媽媽；殺人魔泰德·邦迪（Ted Bundy）則會在手臂打上假石膏，再把課本散落在地引誘受害者靠近。

上述這些詭計很難識破，因為看起來如此正常。約會強暴發生前，對方可能像正常人一樣追求、獻殷勤。看到一位手臂斷掉、態度友善的男子，誰會懷疑他是連續殺人犯呢？

六、把人引誘到人跡罕至的對方。引誘方式千變萬化，可能是喬裝好心，提議以低廉車資送受害者一程，或是告訴受害者說走到巷子底就是一座美麗廟宇，那可是私房景點。這種提議很誘人，讓人難以抗拒。我也很喜歡在旅遊時讓當地人做嚮導，而且這種經驗通常讓我學到很多寶貴的知識、留下美好的回憶。遇到這種情況，請留心不要被孤立。如果那些所謂「在地人」要帶你到當地最棒的餐廳，一路上人潮應該要越來越多，而不是逐漸減少。

心理威脅。掠奪者為了避免受害者還手，可能採取不同的手段，例如驚嚇、展現優勢武力，甚或利用「希望」。沒錯，給受害者希望。只要受害者認為一切照著劇本走，就不會絕望到發動蜥蜴腦。希望足以癱瘓受害者的行動。

要擺脫心理控制，你必須評估對方想要什麼（錢、車子、人）、對方需要什麼才能達成目的（安靜隱密的地方）、你要怎麼做才能達成目標（逃脫）。這一切都必須經過人類腦冷靜的計算才能辦到。

讓受害者無力反擊。在特定情況下，掠奪者會殘忍攻擊，而且會盡量出其不意。面對突擊是屬於身體防衛的技巧，溝通技巧派不上用場。

重點整理：當對方用猴子腦思考時，我們可以透過操控對方的猴子腦來緩和情勢、控制局面以及溝通。這些策略要能夠有效，前提是衝突是基於尊重及社會需求。如果暴力是來自其他的需求層次，不論是人類腦的算計或蜥蜴腦的恐慌，溝通技巧完全無用武之地。一個人若是嚇壞了，他聽不到也無法理解我們的言語，即便提升他的地位或道歉都沒有用，因為問題與社會地位無關。而若是提升一個掠奪者的社會地位或自尊，只會讓他變得更危險。因為他內心早已認定，他自己的欲望比別人的自主權或生存來得重要，他已經將獵物他者化而可以無情傷害。安撫掠奪者的行為只會讓他更加相信自己有權犯罪。

被蜥蜴腦掌控的人必須用生存需求的角度來處理，也就是消除他的恐懼。

對付掠奪者，不能用猴子腦的方式對他說：「讓我們坐下來好好講。」一定要用人類腦的冷靜邏輯說：「你不會得到你想要的，你計畫得到的東西會讓你得不償失。」

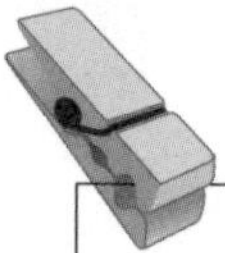

主要及次要收穫

人類是適應性極高的靈長類動物，不喜歡浪費資源。即使是不在乎自己犯了什麼罪行的人，也會拿罪行來說嘴以博取注意。換句話說，掠奪者也會從無關社會性的暴力中榨取出一些社會性的好處，或者從社會性對抗中榨取實質的獎賞，好比有些人會在打架之後拿走對方的皮夾。

如果你把社會性暴力當成無社會性的暴力來處理，會對他人造成不必要的傷害。把無社會性的暴力當成社會性暴力來處理，你會讓自己受到傷害。兩者的差異非常重要。

預設用途

馬斯洛的需求金字塔讓我們可以分辨社會性及無社會性行為的不同動機。社會性行為，包括衝突在內，主要源自尊重需求及社會需求。衝突是為了處理社會性的問題、為了溝通，也為了傳達訊息。

無社會性的行為則來自其他三個需求層次，基於這些需求動機而行動的人，不會將互動的對象視為同胞。急於滿足生存需求的人也是如此，例如在溺水者眼中，別人可能只是救命的浮木罷了。興奮性譫妄症發作的人，可能將醫護人員視為要傷害他的惡魔。基於安全需求所產生的行動，會將互動對象視為可用的資源；追求自我實現的人則會將受害者當成玩具般操弄。

人際互動時，社會性及無社會性的行為有著本質上的差異。職業殺手和技巧純熟的匪徒，不會像酒吧鬧事的人那樣大打出手。他們根本不會訴諸肢體衝突，而是以狩獵的方式達成目標。另外，有人是以證明自己的實力高於對手來得到升遷，也有人是透過煽動謠言讓對手得不到升遷。這兩種人也是截然不同。

或許透過「預設用途」（affordance）的概念，最容易理解社會性及無社會性行為的差異：你如何看待一個問題，會決定你如何解決這個問題。如果你把某個東西看成一張椅子，它就只有椅子的功能。如果你把它視為各種平面的組合，它就是個架子和踏梯。如果你將這個物品視為材料的組合，那麼它可以是夾板、隔層或是武器。

如果你看不見問題，當然就無法解決問題。你如何看待問題，決定了你有哪些解決問題的選擇。不同的方法都會給你不同的選項和各種「預設用途」。

在社會性衝突中，你將對手視為人，所以你只做「人」的事情。而幾乎所有有關人的事情，其核心都是溝通。你可以跟另一個人談話、爭吵、相愛、打架，但你不會宰殺、吞食，或是把對方當作自家花園的養分或客廳的裝飾品。雖然人類之間也有屠殺等事件發生，但是在社會性衝突中，你不會想到這些行為，因為這些行為不是你面對人類同胞時會聯想到的預設用途。

反之，人們會宰殺牛隻，但不會跟牛打架；當車子太老舊時我們會把它賣掉，但是我們不會這樣對待老朋友。

從無社會性的需求出發，一個人的預設用途就完全不同。在想要滿足自我實現需求的歹徒眼裡，受害者只是一顆棋子或一個玩具，他可以做出慘無人道的事情，例如將受害者推下樓梯，只因為覺得那樣的畫面很好笑；或是斷送同事的職涯，只為了看看對方會有什麼反應。

為安全需求而行動的人，會將他人視為可利用的資源。有毒癮的搶匪把受害者視為行動提款機。競爭升遷機會的人把同事視為成功路上的阻礙——面對競爭者，我們追求的是提升自我表現、超越對手；但面對障礙時，我們會直接將它移除。

你看待問題的方式，決定了你可以採取的策略。

第三部

衝突溝通的策略、工具及技巧

檢視與理解自己的直覺，有助於學習如何分析人類互動與肢體語言——你的潛意識，就是你最好的學習對象。

上一部主要說明如何辨認劇本，以及選擇不同的衝突回應方式。相信大家對那些內容肯定不陌生，因為你我每天都在做這些事。意識到這些過程後，希望你能透過練習來增進自己的技巧。雖然俗話說「當局者迷」，但只要開始練習，你就一定會看到進步。第三部將由淺入深，介紹一些有助於解決衝突的方法。與前面介紹的基本觀念不同，這裡會列出各種技巧。換句話說，若想成為衝突溝通的達人，就必須善用以下每一項技巧。

檢視、理解與分析你的直覺

蜥蜴腦很少浮上意識，雖然它是大腦的一部分，我們對它卻所知甚少——這句話其實只說對了一半。蜥蜴腦很少會掌控我們的行動。只有在面對極度危險的狀況下，它才會現身決定要怎麼做。然而，就算它沒有在活動，也總是靜靜地觀察與聆聽一切。

如果你感覺到哪裡不對勁，就表示蜥蜴腦察覺到一些細節，正在向你傳達訊號。它會不斷比較「眼前的線索」與「過去的經歷」：那個人走路的姿勢很像以前的一個宿敵，要小心提防才行；這個人散發的感覺和我一位知心好友很像，可以信任。

你經常會接收到這些訊號，但多數時候不會多加留意。有些感受會與猴子腦產生衝突，因為猴子腦比較情緒化。除非刺激強烈到讓蜥蜴腦爭得主控權，否則一般情況下通常是猴子腦勝出。當蜥蜴腦送出「快躲」或「快跑」的訊號時，猴子腦會認為：「那樣做會讓我看起來很蠢。先觀察一下周遭的狀況好了，我不希望別人覺得我很孬。」

有時當你要與某個人見面、要簽下某份合約，或者準備要開車時，心裡會突然出現不好的預感。這時你可能常會告訴自己「是我想太多吧」，沒把這些警訊當一回事，事後才悔不當初。要知道這些預感不是空穴來風，也不是你胡思亂想。事實上，蜥蜴腦的缺點之一，就是缺乏想像力。這樣的感應機制能夠讓蜥蜴腦（警覺危險訊號）和人類腦（負責做出決定）緊密合作，一切快速又有效。

下次當你直覺感應到什麼時，請試著分析你的感受。當你感覺有人要超車時，是不是因為對方已經偏離了中線？還是四周車速過慢讓你有了預感？或者因為對方車窗貼了防透視膜，感覺會是個問題駕駛？

當你在餐廳裡感覺到有人準備吵架鬧事時，留意一下是哪些肢體動作或聲音讓你產生這樣的直覺。大多數時候，就算沒聽到說話內容或是根本聽不懂對方說的話，你的蜥蜴腦也能察覺到狀況不妙。

這樣的意識練習有兩大優點：當人類腦（甚至猴子腦）知道這些直覺並不是毫無根據時，就會更加信任它們；而當直覺漸漸受到信任時，就會更踴躍發送訊號，讓意識與潛意識之間的連結加深。

結果則是好處多多，例如你能夠做出更好的決定（而且做決定的速度會越來越快）、察覺到別人容易忽略的機會與風險，或是會更勇於冒險，因為你相信自己的蜥蜴腦會幫忙找出潛藏的危機。

我在訓練警察時非常注重這項技能。警察通常得在分秒必爭的情況下做出決定，例如是否使用武力、什麼程度才不算執法過當等等。他們通常長期處於意識資訊匱乏的狀態，卻因職務需求必須在眨眼間做出選擇。

上述的意識練習不只能讓警察做出更快更好的決定，也有助於他們解釋為何那樣的決定是適當的。只要你勤於辨識自己的直覺，你就能夠在腦中回顧當時情境，從中察覺重要的細節。

練習檢視、理解及分析直覺還有另一個好處，就是學習如何分析人與人的互動和肢體語言——你的潛意識就是你最好的學習對象。

積極聆聽法

積極聆聽的能力包含了許多警察與專業顧問必須具備的技術與態度。這項技巧非常實用，若你想說服具有精神障礙或情緒問題的人，積極聆聽絕對是最重要的方法。如果你想討老婆歡心，或是想讓孩子願意對你敞開心房，積極聆聽也能夠幫助你達成目標。這項技巧可以讓你成為更好的領導者、員工、伴侶和父母。懂得聆聽沒有任何壞處。

簡單來說，積極聆聽就是蒐集情資，可以算是一種天然的讀心術。

本段內容主要以警察工作為例，那是我最熟悉的世界，因此有些關於人身安全的建議，讀者可以視情況忽略。在執法人員的世界中，任何的對話或訪談都有可能是陷阱。對於必須冒險前往危險地區的讀者，或許這些建議也會有幫助。

積極聆聽主要由下面兩個元素組成：

一、盡可能清楚、準確且完整地接收訊息。

二、對方必須願意繼續說下去。

聆聽時最大的阻礙，就是我們往往會先聽自己腦海中的聲音，尤其當我們帶著情緒，或是在跟情緒激動的人溝通時，對話的結果往往都是同一套劇本。

以警方常見的狀況為例：

當事人說：「我什麼也沒做。我只是走在路上，他就靠過來說些廢話，還說要揍我一頓。」這種說詞警察不知道聽過多少遍了，於是他嘆了一口氣，心想對方接下來一定會否認自己認識攻擊者，也一定會說是那個人先沒禮貌，但到頭來肯定還是因為毒品交易而引起的糾紛。

這個警察已經在猜想後面的劇情了，此刻他根本沒有在聽對方說了什麼，而是在預測對方會說什麼並思考自己的回應。

如果你經驗豐富，而這又是標準的情況，這麼做不會有什麼損失，頂多是漏掉一些細節。你知道對方正在說謊，因為他的謊言太老套，簡直都照著劇本走。

然而，這麼做會讓你無法向長官或法官解釋這個人到底說了什麼謊。如果你只是當作例行公事般隨便回應對方，表示你根本沒有在聽他說話，也無法記得確切的對話內容。

這種內心對話的第二層意義，就是人總是傾向在對方說完話之前，就已經開始思考自己要回什麼話。我們只想快點說出自己覺得重要的話。千萬別這麼做。停下來好好想一下你的回答（甚至晚一點再回覆），這麼做不只可以讓對方感覺你真的認真在聽，也可以掌控對話的節奏。對話的節奏越慢、音量越和緩、語調越沉穩，過程就能越冷靜、順利及安全。

此外，務必要察覺雙方的情緒。焦慮、恐懼、憤怒，或是異常冷靜的態度，都是非常重要的線索，可以預測接下來的發展。當你開始感到不自在、害怕、生氣或沾沾自喜時，也是重要的線索。你是不是下意識接受到即將發生什麼事的線索？對方是否故意使用激將法，試圖左右你的想法？你的感受會影響你聽的方式及意願。

積極聆聽有個技巧，若不小心弄巧成拙，可能會立刻讓對方起疑心。這個技巧被稱為「回饋」、「換句話說」或「反射」，道理其實很簡單，就是向對方確認你是否理解正確。而這項技巧之所以會讓人感覺像是在耍花招，是因為很多人會照本宣科：「根據我聽到的內容，你的意思是說……」但實際上哪有人會這樣說話？

你必須用自己的口吻換句話說。「等等，我想確定一下我有沒有誤會。慢一點，大哥，這邊有點複雜。你是說……嗎？」用你自己的方式把理解到的內容再說一遍。當對方的母語和你不同，或是透過口譯員在溝通時，這項技巧尤其重要。在這類情況下，這樣的反饋不但有禮貌，也很有道理。

記得要事先知會口譯或助理，否則他們可能會覺得自己的能力受到質疑。通常由於不懂外語才需要翻譯，所以也不會知道口譯員的能力到不到位，這時就可以透過確認訊息來評估。萬一不幸請到了不夠格的口譯，也能透過這個技巧克服障礙。

另一方面，想要藉由積極聆聽來收集情報時，就必須讓對方不斷說話。對方說得越多，你就能瞭解更多。人們通常都很喜歡談論自己的事，所以要做到這一點並不難。

你必須保持專注，除了留意對方的情緒和肢體語言（說話速度、口氣、語調、音量）、拿捏彼此的距離，還要讓對方感覺到你認真在聽。雙眼看著對方，臉部表情則要放鬆，甚至最好能在回應中適度描述對方的肢體動作，例如：「老兄，你說你沒生氣，可是說話卻咬牙切齒的，額頭還爆青筋。怎麼了嗎？」

此外，一邊聆聽、一邊表示贊同，但不要出聲打斷對方，點頭就可以了。要小心的是，很多人早已練就一身左耳進、右耳出的功夫。有些人的聲音很容易讓人自動關上聆聽模式，但是要記得，你的目標是收集資訊，因此你必須認真聽，也必須讓對方說下去。

有些研究顯示，模仿對方的肢體語言（但不能模仿得太誇張）會讓對方放鬆戒心。若對方雙手抱胸，你就跟著抱胸；若對方往後靠著椅背，你也跟著做，但不能太明顯，尤其若對方情緒不穩或患有精神疾病時，一旦被對方發現你模仿他的舉動，對方會覺得你是在嘲笑他。

需要做出回應時，根據上述的方法照樣造句，藉由發問來確認理解是否有誤，或是提出相關的問題，或是回答問題也行。如果你希望對方多說一點，就要問開放式的問題。封閉式的問題是指可以用一個字詞來回答的問題，例如「好」、「不」、「星期二」這種答案。「你把刀子藏在哪個口袋裡？」是個封閉式的問題。「你為什麼要帶著刀？」是開放式的問題。「他打你之後，你有還手嗎？」封閉式。「他打了你，然後呢？」開放式。

如果你已經知道事情的來龍去脈，可以問封閉式的問題，讓對方說出明確的答案，但這麼做也可能讓對方感到敵意或被命令，從而選擇保持沉默。如果你不清楚事發經過，或是想要對方說出明確的內容或想法，開放式問題就很管用。

「釐清」跟「回應」很像。「釐清」是把重點放在沒聽到的資訊；回應的重點則是在聽到的資訊。好比說，「你說那把槍是突然就跑到你手中嗎？」這是回應，而「我沒搞懂，那把槍是哪裡來的？」就是釐清。

面對提問時，請誠實回答。保持尊重，但不能誤導或給對方不切實際的期待。曾有獄囚問我他勝訴的機率有多大，我照實回答說：「你會被判死刑。媒體都這樣報導了，而且民眾都希望看到你付出代價。」

「真該死啊，米勒，我問別人這個問題的時候，他們都說謊。其實大家沒必要騙我，對吧？」沒錯。這是與殺人犯建立友好關係的藝術。

其他重要細節：聆聽時必須專注在說話者身上，但這麼做可能會有一些策略問題，例如讓他人有機可乘，從背後發動襲擊。可能的話，你站的地方最好能夠讓你看見自己的後方（例如透過車窗、對方的鏡片等物品的倒影）。務必挑選自己站的位置。若沒辦法找到安全的位置（通常都可以），就要不時停下來觀察四周，就算讓對方發現到你在觀察環境也沒關係。另外，隨時留意對方的肢體語言，因為只要對方看到有人接近（無論是否要加害於你），往往都會有些反應。

注意保持距離。無論從肢體語言或人身安全的角度來看，距離的拿捏都非常重要。對方離你有多近？對方試圖靠近你嗎？盡量避免分心，若對方心懷惡意，你一分心就會讓他逮到機會。另外，分心也會降低聆聽的效果。

發現對方說謊時，不要立刻窮追猛打。當敘事出現矛盾時，這麼說通常很有效：「他們說你做過 XXX 這件事。你是不是曾經做過什麼，讓人誤會你做了那件事？」若對方試圖要圓謊時，往往只會露出更多馬腳。

你也可以在談話中運用「操作制約」的技巧。操作制約就是獎勵正確的行為，懲罰錯誤的行為。人類是社會性動物，因此人際互動的賞罰會跟身體賞罰一樣有效（甚至更有效）。當你不滿意對方的舉止時（例如大吼大叫、發脾氣、沒大沒小或說話顛三倒四），可以給對方一個難看的臉色，打斷對方的行為。當對方表現良好時，你可以點頭表示贊同，或是發出認同的聲音。這些小小的動作可以大大改善溝通的品質，即便對方有心智缺陷，這招通常也很管用。

在積極聆聽的過程中，無論是否運用策略或操作制約，千萬不要隨便露笑。多數人都沒辦法一邊微笑，一邊展現真誠，而假笑更是容易被識破。一旦你被認為是在假笑，建立起的關係就會瓦解，甚至讓對方感受到威脅。

當然，不是每個人或每件事都能夠靠溝通解決，這一點和許多人的想法相反。人際溝通的本質就是：一旦溝通失敗，隨時都可能演變成肢體衝突，因此隨時都要準備自我防衛，千萬不要太自滿。你可以練習找出怎樣的站姿或肢體語言比較能夠保護自己，卻又不會顯得殺氣騰騰或過於畏縮。

如果你覺得應該中斷談話時，就要當機立斷。若對方情緒越來越高漲、因為外部因素造成情勢緊張，或是當事者的說詞不斷矛盾時，就必須中斷談話。

只要談話過程安全又順利，積極聆聽都是非常有效的手段。但是當情況不再安全時，再好的溝通工具也不適用。雖然聆聽的目的是取得資訊，但務必記得，有些資訊就只是資訊，不見得是事實。積極聆聽時，你的人類腦必須運作，不要被潛意識的反應劇本牽著走。

最後一點：當你聽別人說話時，你會不斷吸收資訊，但輪到你說話時，則是洩漏資訊。哪個是你要的呢？

既然積極聆聽是這麼強大的技巧，為什麼少有人願意積極聆聽呢？為什麼連受過相關訓練的人也很少使用這項技巧？

原因有兩個。

一是自尊心；在我心裡，我比對方重要，我想說的比你想說的來得要緊。

第二個問題出在積極聆聽的教學方法，尤其是教導執法人員時。教法很重要。這項技巧通常是由學術人士傳授給執法人員，希望執法者可以在實戰中運用，但學術派其實對實戰世界所知甚少或一無所知。

若要教導成人學習任何知識，首要任務是讓他們覺得這個知識在他們的世界中非常實用。「積極聆聽」這個詞聽起來像是「主動的被動」，但「情資蒐集技巧」聽起來是不是就很實用。

策略性道歉

道歉對許多人來說非常困難，對於位高權重的人來說更難，因為他們擔心道歉等同於示弱。有些人不道歉則是害怕責任會轉移到自己身上。

策略性道歉的原理就是說出：「我很抱歉讓你不好受。」這麼做承認了雙方之間有問題存在，卻沒有責任的歸屬，還能展現同理心。策略性道歉後，只要簡單問一句：「我們現在應該怎麼做呢？」就能開始處理人類腦的問題（需要解決的問題），或是猴子腦的問題（情緒感受）。

靈長類動物的行為模式是這樣的：地位比較高的黑猩猩在霸凌同儕之後，會花時間替對方理理毛，也就是先欺負對方，再疼疼對方；傷害一個人之後，多花一點時間加以安撫，避免對方心生不滿。

這樣的模式很常見，例如家暴之後送上鮮花卡片，或是老闆對祕書狂吼之後，給祕書多一點休假。這種模式是內建的。如果在一個團體中，地位較高的成員做出了惡劣行徑，事後卻沒有彌補受害者，衝突雙方就會有一種「未竟之感」，這種感覺就是劇本沒有演完的跡象。

人們不喜歡道歉，原因在於以下特質：我們會想像他人的眼光，而且當猴子腦掌舵時，我們的感覺最重要，事情的真相只是次要。

「他才是混蛋，為什麼我要道歉？」

沒錯，猴子腦又來了。

本書提供的訓練技巧有一些前提。第一個前提（也是最重要的），就是你眼前有個實際的任務需要完成。真正的地位及尊重遠比猴子腦想像出來的地位來得重要。爭奪權力的戲碼存在人際互動中，卻無法有效解決社會性衝突。所以，如果你不在乎實際的任務，只想自我感覺良好（有沒有原因都無妨），或是只關心別人有沒有看見你的頭銜地位，而不在乎別人是否尊重你的話，你就不用學習這些技巧了。

為什麼我們要對混蛋道歉？因為混蛋也只是跟著劇本走罷了，一切都是猴子腦的問題。如果劇本還沒結束，他就無法解決真正要處理的問題。道理就這麼簡單。如果道歉可以讓劇本走完，我們就道歉。為什麼？因為這樣才能開始解決真正需要面對的問題。

但為什麼我應該要道歉？換個角度問好了，為什麼不要道歉呢？如果都已經知道道歉可以解決問題了，為什麼還要猶豫不決？

因為這樣做好像是在示弱？其實大家都很清楚，道歉不是示弱。大部分旁觀者都知道是誰在無理取鬧。通常衝突雙方都有問題，當兩人爭執時，先道歉的人不會被視為弱者。這種狀況你我肯定都看過很多，先道歉的人被認為是腦袋比較清楚、比較成熟的一方。有時候團體中的資深成員就算沒有捲入衝突，往往還是會出面道歉緩和情勢，藉以換取和平。

你擔心如果先道歉，就好像是在獎勵不好的行為，而不是懲罰犯錯？到底誰會有這樣的誤會？「對不起」幾個字也能算是種獎勵？有這回事嗎？

猴子腦會讓人不想低頭道歉，為了想像出來的地位及外界眼光而奮戰到底。猴子腦非常強大，它讓人寧願拿開山刀砍殺婦孺，也不願承受半點侮辱訕笑。然而很多時候，那些令人害怕的侮辱及訕笑，其實只是你自己想像出來的。

如果眼前有重要任務得完成，你就該避開自己的猴子腦所設下的陷阱。

建立友好的關係

蓋文・德貝克（Gavin DeBecker）在《求生之書》（*The Gift of Fear*）中，列出了許多掠奪者接近受害者的方法。這些方法我非常熟悉，因為除了犯罪者會用這些方法行邪惡之目的外，我也會運用這些技巧來對付罪犯，調查人員同樣會利用這些技巧與暴力犯罪者打關係。德貝克列出的方法之中，某些技巧的名稱或許略有不同，但大部分都會出現在警方的人質談判（hostage negoitation）課程中，教導員警如何安撫罪犯的情緒。就連在推銷商品時，這些技巧都非常管用。

壞人的招數好人也可以運用，不但基本原理相通，就某方面來說，連目的也相同。因為無論是所謂的好人或壞人，其實都想要達到自己的目標，至於這個目標為何，才是區分好與壞的標準。

強迫組隊

強迫組隊就是策略性使用「我們」這個詞。犯罪者常用這個技巧來籠絡有權力的人（「警官，這裡發生點問題，如果我們一起合作……」），或是讓受害者降低戒心。使用「我們」這個詞，會讓人覺得雙方站在同一條船上，以為兩人同屬一個部落。犯罪者只要假裝與受害者具有共同目的，就能拉攏受害者的猴子腦，然後加以靠近。

一般人也可以利用這個技巧來建立關係。使用「我們」這個詞時，會讓對方難以惡言相向，避免爭吵升溫成暴力傷害。若對方漸漸築起內心的高牆時，以

「我們」取代「你」，能讓雙方成為隊友，讓溝通對話出現轉圜的餘地。

若某件事對雙方都有益，這時只要使用強迫組隊的技巧，就能讓猴子腦與人類腦一同解決問題並建立信任。若「我們」都想要某個東西，而且這個東西對雙方都有利，那麼最後不只能夠解決問題，雙方也會建立緊密的關係。

汽車銷售員在推銷時也會用「我們」這個詞以及雙方的共同利益作為手段。這種推銷方式非常有效。儘管買車實際上是一種零和遊戲，當一方談到越划算的條件時，另一方就會越吃虧，所謂的共同利益根本就不存在。

然而，在管理多人牢房時（經常可見約六十五名囚犯關在同一個空間裡，而且沒有任何隔間），就真的會有共同利益存在，因為再強硬難搞的囚犯，都會想要住在乾淨、安靜又安全的環境中。只要讓大家在同一條船上，就能避免發生事端。一旦建立起信任，也就是只要囚犯相信獄警其實想維持一個乾淨、安靜又安全的環境，不是想管東管西、要權威派頭（尤其容易觸發猴子腦），囚犯就會主動合作，共同維持環境。很多時候，囚犯的表現簡直就像守望相助隊一樣。

騙取人情

主動給個小禮物或幫個小忙，會對人類的原始部落腦造成很大的影響。接受他人的好意時，大腦會認為這代表自己在團體中較占優勢，因此傾向放水。

犯罪者會在很多小地方使用這個技巧，有時候甚至能收到一石二鳥的成效。例如當罪犯幫手上拿滿雜物的女子開門時，女子往往會預設對方沒有惡意，這時罪犯就有機會進門。

警察會在訊問或約談之前關心嫌犯或證人舒適與否（或至少假裝關心一下），這是讓對方放下戒心的一種方式。這個做法也是一舉兩得，不但能建立友好關係，也能減緩腎上腺素分泌，進而讓思緒更清晰。

一群人在外吃飯的時候，常會有人搶著結帳，這點尤其常見於一群「老大哥」的飯局。這種現象其實也是同樣的道理。

毫無理由對人好是個高明的技巧，但也可能純粹只是出於善意。低調助人又不求回報，其實具有非常強大的影響力。

給對方套上角色

人們害怕自己與眾不同，卻更不喜歡毫無特色。仔細想想，這其實是很弔詭的心態。每個非主流文化都試著與主流文化切割，最後往往卻是在外觀、談吐與思想上都半斤八兩。個人主義總是披著一樣的制服。

我曾經聽不少強暴犯說過這樣的話（請原諒以下出現的種族歧視、階級歧視與性別歧視用詞）：「如果你想釣一個有錢的婊子，只要對她說：『我覺得妳跟其他矯情的女人不一樣，不會因為我身上有刺青就不跟我去。』說完這句話，她就會爬進你的車裡。」

不想和其他人一樣的渴望會讓我們的常識判斷失靈，最後讓那些女孩淪為受害者。我們討厭被說和其他人一樣，尤其討厭被別人說和自己討厭的人相像。

我也常對準備使用暴力或患有精神疾病的人運用這樣的技巧。對於威脅施暴的人，可以對他說：「無辜的人會按照規矩走。若要我相信你是無辜的，就不要大聲威脅，那是罪犯才會做的事。」

對於患有精神疾病的人，可以對他說：「我知道你會聽到一些聲音告訴你要做什麼，但撇開那些聲音不管，你知道該怎麼做才是對的吧？」

不同的操弄之間存在著微妙的差異。罪犯會拿對方與類似者比較，藉此讓對方做出不理智的行為；我們則是會說出理想的做法，讓對方做出更好的決定。換句話說，兩者的差異就像是「你為什麼要那麼做」跟「你為什麼不那麼做」。

主動承諾

一段人很少使用這招，因為若將來會再與同樣的人往來，這麼做的代價很高。罪犯則不必在乎這種事。若有人主動承諾要做某件事，就表示：

一、他很在意他所承諾的那件事。

二、他認為必須消除對方的疑慮，即使對方根本想都沒想過這件事。

舉一個突兀的例子，若有人在派對中迎面朝我走來，對我說：「來去我家吧，我保證不會先姦後殺，把你跟其他六個人一起埋在我家地板下。」我一定會心生警惕（我想你一定也會有所警覺吧）。

更常聽到的說詞則是：「我保證不會跟其他人說，我只是想知道真相。」

回想一下，是否有人曾經在你並未要求的情況下，主動對你做出承諾，最後真的遵守了他的諾言？主動提出承諾，是一種操弄的手段。這個方法之所以有效，是因為我們的猴子腦認定，能夠溝通對話的人都是屬於同一國的。若同胞做出承諾而你加以拒絕，等於宣判對方是騙子，為了維持和諧，你會選擇附和。

除非某件事重要到值得讓雙方的信任瓦解，否則應該盡可能避免使用這招，因為若不是原本就打算說謊，不會有人想到要主動提出承諾。

忽略拒絕

「不」這個字就是個完整的句子。需要說「不」的時候，通常只要說出口就成立。若有人忽略你的拒絕，一個可能的原因是對方不尊重你，這就是猴子腦的問題了。或者也可能是更嚴重的情況。

若犯罪者選擇無視受害者的拒絕，他可能打算將受害者徹底他者化，準備動用暴力。他也可能知道自己準備做的事不是好事，因此希望對方能放棄抵抗的念頭。無論是哪個原因，對受害者都是很大的警訊。

通常我們忽略某個人的拒絕時，是為了測試對方是否會堅守自己的底線。若罪犯對受害者的拒絕充耳不聞，甚至逼得受害者開始解釋，就表示他已經成功把對方逼進猴子腦狀態。一旦如此，局勢就由罪犯一手掌控。

我曾經認為忽略對方的拒絕是一個嚴重的問題，但後來我發現一般人其實也會使用這個手段。在一堂危機談判課堂上，講師問學生：「若對方說自己將在二十分鐘後殺死一名人質，你該怎麼回應？」

答案五花八門，像是與對方講道理、爭辯，或是請特攻隊待命。講師搖搖頭說：「什麼也別做。假裝他什麼都沒說過，然後轉移話題。若和他起爭執或講道理，他滿腦子想的還是殺人這件事。你必須讓他想別的事情，而不是繼續談論相關的話題。」

這個建議聽起來有點違反直覺，但其實很有效，尤其是面對準備使用暴力，而且正在尋找藉口的人。不僅如此，想想看，厲害的銷售員在推銷東西時，就算你直接對他說「謝謝，我沒興趣」，他也會假裝沒聽見。

光是假裝沒聽見還不夠，因為對於猴子腦來說，假裝沒聽見的舉動像是一種挑釁，反而會讓對方想要大鬧一場。應該採取的做法是：繼續跟對方互動，但是另起一個話題。你不太可能直接叫對方忘記自己的目標，因此你要採取的策略是讓對方開始思考別的事情。這招非常管用。如果有人想要給你貼標籤，或是將你他者化的時候，尤其有用。

「你真是個＿＿＿＿（自行填空）！」

「這讓我想到當年我奶奶還在孟斐斯的時候……」

這類技巧的例子非常多。貼標籤和套角色的技巧非常相似。「這讓我想到」表示你有聽到對方說的話，而且不反對對方說的內容。在猴子腦的劇本中，反對會激起情緒，而「這讓我想到」可以成為離題的正當理由。

但「不」這個字就不一樣了。對方說的話與你的目的不符時，或許你可以假裝沒聽見，但唯有在適當的時間和地點才管用。你曾經和滔滔不絕又不懂適時閉嘴的人聊過天嗎？跟他們說話時，是不是很難提出任何拒絕？或是你有沒有發現，一旦你的提議被否決之後（尤其是一群人在討論的時候），就很難再次提出？

上述原理彼此相通，但是使用這些技巧時必須小心，因為「為了達到目的暫不理會拒絕」與「出於自尊而不想聽到拒絕」，兩者只有一線之隔。

掠奪者會將受害者他者化，以不符合社會規則的方式施暴。他們的行為並不是出自社會需求，卻以滿足社會需求的手段去達成目的。

他們會在對話中使用上述技巧。本書目的是讓讀者認識掠奪者的各種技巧，以及如何將這些技巧運用在好的目的上。要注意的是，掠奪者的行為是由猴子腦掌控。當人與人之間發生衝突，尤其是準備暴力相向的時候，處於猴子腦狀態的人，會希望對手也進入猴子腦。猴子腦劇本追求的是領地與安全，因此內建安全機制，避免衝突演變成過於嚴重的後果。

掠奪者也會希望獵物處於猴子腦的狀態，如此一來劇本走向非常容易預測，而且猴子腦也會避免過度傷害。若受害者保持在猴子腦狀態，就會成為完美的獵物，不但行動容易預測，獵捕起來又相對安全。掠奪者最害怕的對手，是有所警覺又善於思考的人類腦。

設立界線

生活在充滿規則的社會中，好處之一是有明確的界線。在同質性高的社會中，每個人都有類似的是非觀念，知道哪些事可以做、哪些事不能做。這些規則明訂了我們可以用哪些方式接觸哪些人、不可以用哪些方式接觸哪些人，或是你可以對誰說什麼、不可以對誰說什麼。

這些規則，以及其他成千上萬的規定，都是由社會所制定的，或者從父母同儕身上學習而來。我們在遵守規則的同時，也會希望別人能乖乖遵守規則。但往往直到有人破壞規則時，我們才會認真思考這些規則。

當規則被打破時，就必須設下界線。我們經常預期這個社會會替我們設下界線，因此很少練習為自己設下界線。我們會有所猶豫，也會過度解釋或否定自己所設下的界線，因為我們害怕自己與眾不同或做錯了決定。

快醒醒吧。面對以下四種情況，請務必設下界線：

一、當你面對的人是來自有不同規則的文化或次文化。
二、當你面對的人是心智異常，或是沒有能力記住、察覺及遵守社會常規。
三、當你面對的人與你處在不同的劇本中。
四、當你面對的是藐視社會規則的掠奪者。

當你面對的人來自不同文化或次文化時，最好一言一行都非常明確，而且解釋得通。前往不同文化的國家旅遊時，或是身處在具有特殊規則的環境下，多數人都會急於認識新的規範。學習的過程通常很有趣，但也攸關人身安全。

所謂的奧客就是把自己的觀點硬套在別人身上，直指別人的做法錯得有多離譜，甚至以找碴為樂。你如何待人，別人便如何待你，這個道理放諸四海皆準。當你身處異地，若懷疑自己哪裡做錯了，請儘管發問、誠心道歉並積極學習。

許多精神疾病或行為能力的問題（例如酒醉、發展遲緩等）會讓一個人無法理解哪些行為是可以被接受的，哪些則否。多數人都是在家庭中不斷接觸這些面向，下意識地學會這些規則。一般來說，人們天生就能參與人際互動並察覺他人的情緒。

有些人則缺乏這種直覺。我發現對不少人來說（尤其是患有自閉症譜系障礙的人），簡單又明確的解釋方式非常有效，例如：「約翰，大部分人握手的時間非常短。若你握住別人的手超過一秒鐘，對方就會覺得怪怪的。握手的時候，眼睛看著對方，心中默唸『一秒鐘』，就可以把手放開了。」

很多時候，對患有精神疾病的人解釋界線是一種責任，也是一種體貼。為意識狀態異常的人設定界線時，請注意：

- 表達要明確。
- 使用簡單的用詞與句構。
- 維持較低沉的語調與音量。
- 使用肯定句，例如「小聲說話」，而不是「別吵」。告訴對方該怎麼做，而不是別做什麼。
- 從共通處著手。若對方產生幻覺，千萬不要刺激對方（「別鬧了！你才沒有看見」），也不要附和（「我也看見那個藍色的人了」）。將焦點放在彼此都能看見的事物上。

有些患有精神疾病的人會有人際界線的問題，原因不是他們無法理解規則，而是無法控制自己。在這種情況下，必須盡可能設定簡單明瞭的界線，像是大聲喊出「退後」或「離開這裡」。

這種情況下，你必須堅持自己設下的界線，這一點和面對掠奪者時一樣★。

★原注：若對方是精神病患或罪犯時，情況都還算好處理，但若對方是一名患有精神病的罪犯時，問題就棘手了。事實上，有不少罪犯患有精神疾病，還有很多罪犯宣稱自己患有精神病，並以此作為情緒失控的藉口。

當對方與你處在不同的劇本中，或是在同個劇本的不同階段時，都必須設下明確界線。

熟人強暴（acquaintance rape）發生的原因，也是因為劇本差異。熟識者強暴的過程是從一般的求偶過程演變而來：彼此吸引、語帶曖昧的交談、尋找能獨處的時間和地點，接著就像情侶般探索彼此。

掠奪者想要的，就是單獨相處的時間與場合，這正是年輕情侶追求的。掠奪者很擅長察覺及利用情慾的流動。然而，若他帶著惡意，就會利用受害者的不智舉動、不諳世事與自我中心等特質，將劇本導向他想要的結局。

在求偶的過程中，隨著獨處的時間越長，對彼此的感情與信任會越來越強，最後就會演變成肢體的親密接觸。究竟要多快進入肢體接觸的階段，雙方內心都會有個界線，而這個界線通常是根據社會常規而來。若雙方的界線非常接近，就能發展成穩定的伴侶關係。而年輕男子則通常不會設下任何界線，非常樂於往下一步發展。較常見的情況是男方比女方想要更快進展，這時女方必須設下界線，也就是清楚說「不」，並堅持到底。

在大部分情況下，男方都會尊重女方的界線，放慢速度。男方的處理方式決定了這段關係的未來。女人會根據男人如何回應她們的要求與界線來判斷他。倘若男方不尊重女方的界線，就可能演變為約會強暴。

設下界線後，一定要堅持下去，否則對加害者來說，這條界線就等於不存在。若男方的親密行為已經讓妳感到不舒服，第一道界線就是清楚說出「不」。若對方不予理會，就要以離開現場的方式來堅守界線。

女人絕對可以用武力來保護自己，這點毋庸置疑。然而，這種情況下的第一要務應該是毫髮無傷地離開現場，而不是伸張自己的權力。離開才是最重要的目標。必須離開的原因是：男性在荷爾蒙的影響下，會變得非常白痴。若是荷爾蒙加上酒精，就會變得笨上加笨。此外，社會上有些糟糕的文化，像是「打是情、罵是愛」。就算女方賞巴掌、捶打胸膛，甚至直接用拳頭攻擊下巴，也可能會被慾望衝腦的男子解讀成調情。再加上若女方攻擊後還留在原地，男人可能就會將那些攻擊看作是進一步的親密接觸而已。

「離開」就比較沒有誤會的空間，對方會清楚意識到他已經跨越了界線。若對方試著阻止你離開，就表示他已經進入掠奪者的狀態，這時就要開始以正確的方式使用武力保護自己。

雖然說「掠奪者型約會強暴」與「劇本差異的約會強暴」有所差異，不代表孰優孰劣，也不表示一種是壞事，另一種只是意外。兩者都是不對的，都是罪惡。換一種方式比喻的話，就是老虎和鯊魚都會吃人，但想要躲避牠們的攻擊，必須使用不同的技巧。

面對刻意違反社會規範的人，必須設下清楚的界線，並且要堅持到底。

雖然掠奪者會想要從獵物身上得到東西，但他其實並沒有打算不顧一切去得到那樣東西。他不想死，也不想感到痛楚。他在行動之前，會根據得與失進行冷血的計算。你設下的界線會大幅提高他必須付出的代價，你的目標就是要讓這個代價高到讓他打消念頭。

絕對不要討價還價、閒扯淡或解釋。「不」這個字就已經代表一切。掠奪者希望受害者進入猴子腦狀態，因此會從社交焦慮下手。「你為什麼要這麼冷酷？」「親愛的，不要這樣。」「你怎麼會那樣想呢？」

一旦你回了話就會出現斡旋空間，界線不再是堅定的界線。若對方是個暴力者，往往會藉由對話來拉近距離，接著趁隙發動攻擊。

記住，喜歡利用他人的人，或是喜歡扯別人後腿的人，所使用的也都是掠奪者的技巧，並不是只有暴力才是掠奪。

從雙方的共通處開始

這是一個非常重要的基本觀念。在面對死對頭、敵人、精神異常或不同文化的人時，不要只想著彼此的差異。

每個人都不同，卻又有足以開啟話題的相似處。溝通必須從這些共通點開始。

如果一位精神病患者說自己會聽見奇怪的聲音，那麼他就是聽得到。對他說：「少來了，你知道那些聲音是來自你自己的腦子。」這麼做除了是種羞辱，也否認了他的事實。若附和他說的話，又更加羞辱他。「我好像也聽到了，」這麼說不但是把對方當傻子，大部分精神病患者也會立刻知道你是在說謊。

「你知道我聽不見那些聲音，但我能聽到小孩在公園玩或是馬路上車子的聲音。」把焦點放在雙方都能聽見或看見的事物。為什麼談論天氣很老套？因為那跟所有人都有關，我們都感覺得到天氣變化，而且天氣變化會影響所有人。

面對不同文化的人，政治跟宗教的話題通常會引起麻煩。談論食物、家庭或自然環境等話題是很好的出發點，但也有少數例外。在阿拉伯文化中，與成年男子聊天時，詢問對方孩子的近況是天經地義的事，但若問到對方的老婆就會引起猜疑。

就算是容易引發爭議的話題（例如宗教），還是可以找出共通之處來談論，這麼做不但比較安全，也能藉此建立連結。宗教之間的共通點有哪些？就是所有宗教都試圖要解決的問題。若我告訴你我的答案，而你也告訴我你的答案，就會引起爭執。但若我向你提出我的疑問，然後聆聽你的答案，就能建立友誼。

記住：盡量避免主動與人談論政治或宗教，因為論及這類話題時很容易語氣聽來尖酸諷刺，或是容易放送引起衝突的鉤子。光是藉由表面的互動，很難判斷對方對於某個話題有多感興趣，不過若你感覺到對方充滿興趣時，就可以提些問題。以真誠的方式提問不會給人冒犯的感覺。

人們喜歡說話，也喜歡告訴別人該怎麼做。但你要多聽對方怎麼說。善用積極聆聽的技巧，盡量減少說話的時間。

我曾經試著告訴一位高階長官，他應該要教導他的副隊長關於領導與管理的知識，但我的口譯員聽完後卻楞住了。

他對我說：「羅瑞先生，在我們的語言中，領導和管理是同一個字。」

千萬別認定雙方在哪些事情上的想法肯定是一致的。每個人的價值觀和信仰都源自於自身的文化。在某個地方絕對正確或錯誤的事，在別的地方可能只是小事，頂多造成一點不便。發現溝通上出現問題時，稍微倒車，尋找共通之處，以積少成多的方式慢慢理解彼此。

後來我和那位口譯員花了半小時，終於達成以下的共識：告訴別人應該做什麼事，叫做「管理」；以身作則，成為團隊裡人人爭相模仿且引以為傲的人物，這叫做「領導」。

在人質生存訓練的課程中，我們會教導學員要懂得「個人化」自己。根據這個理論，讓綁匪把你視為一個活生生的人，例如讓他知道我的名字，也知道我有小孩，他就會比較難下手。通常是這樣沒錯。以下是綁匪的心理機制：為了以暴力將人殺死，必須先將對象他者化。有時綁匪挾持人質的時間很長，可能會與人質產生情誼。這種時候，人質就要利用這份情誼尋找共通點，畢竟我們每個人都是許多不同團體的成員，例如國籍、信仰、讀過的學校、興趣、職業或是支持的球隊。

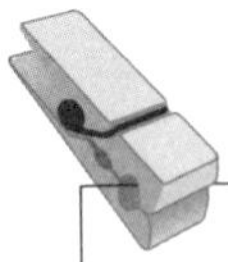

「我最討厭警察了。」

「老兄，這只是我為了養家活口的工作。我喜歡跟朋友一起釣魚和喝啤酒。」如果你看到綁匪手上戴著戒指、聞起來有酒味，在他後車廂擺著釣魚竿的話，可以試著這麼說。

綁匪會試著將你放入「警察」這個敵對團體中，但你可以把自己放進與他相同的三個團體中：「顧家的男人」、「愛喝酒的人」、「愛釣魚的人」。

建立好名聲

像本書這類的書籍可以提供知識與工具，但沒辦法改變你的本性。你身邊的人通常瞭解你的個性，但在有些例子裡也不一定如此。連續殺人犯有時候是隱藏在人群之中。辦公室裡唯恐天下不亂者原來是跟你一起工作多年的好好先生。住在隔壁的工友每年會捐數千美元給慈善機構，卻從未向人提起這件事。

然而，你身邊的人一定會知道你是不是值得依靠及信任，也會知道你是否在乎他們，還是只關心自己。

衝突反應的劇本不會以白紙黑字寫出來，而是存在你的行為模式中。有時候就算你看不懂劇本，也會跟著劇本走。

我最欣賞的一位長官，是個粗魯又野蠻的人。他每次說話的用詞和內容，感覺都會被告上法院，但從來沒有人抱怨過他。

我花了很長一段時間才發現，雖然他用字低俗，但無論何時何地，只要有人找他幫忙，他總是義不容辭。雖然他老是說令人不快的話，但他的行為又展現出謹慎善良的一面。

每當大家需要協助時，他總是樂於幫忙。需要傾訴時，每個人都會想到他。當他用貓王的嗓音說出「去你媽的」，大家也只是笑著搖搖頭。

我見過最糟糕的一位長官，則是一個無可挑剔的人。他的頭髮總是梳得整齊服貼，說話也總是非常得體。但他似乎非常厭惡小兵們，經常刻意妨礙人家的升遷與職涯規畫。他喜歡在雞蛋裡挑骨頭，然後以此為藉口進行懲處。當他笑著對你說「早安」時，你的背上應該早已被他捅了一刀。

你無法選擇自己的名聲。你可以至死都深信自己是個樂於助人的好人，也可以到處說自己是這樣的好人，但除非你真的樂善好施，否則這種名聲永遠只是你的幻想。

本書是一本工具書。你可以學到什麼樣的溝通會出錯、衝突為何會發生，甚至可以學到改變自己人生的知識。然而，本書並不會讓壞人搖身一變成為好人。

接下來這句話不是建議，更像是一則警告：你的名聲來自於你對待他人的方式，而不是理由與藉口。只要好名聲日積月累，就會成為你一生中最大的助力。

有時若你不小心犯了錯，好名聲會在某種程度上保護你。相反地，聲名狼藉的人不論做什麼都會被壞名聲給拖累。

當個懂得善用資源的老大哥

Human Alpha★這個詞非常熱門。根據我個人的觀察，愛用這個詞的往往是一些對生物學一知半解的作者。他們將狼群的研究結果與黑猩猩或狒狒的研究結果做粗劣的結合，用來解釋人類的行為。

這套理論在人類身上其實行不通，因為人類比其他物種擁有更多隱私和更複雜的擇偶方式。我們不會一次和十幾個人一起生活，也不會像狼一樣為了生存而群體狩獵。

所以，到底什麼是human alpha？在此是指能夠運用眾多資源，替他人解決難題的人，有時會被稱為老大哥。

擁有領導者的地位不一定會被視為老大哥。只會製造難題的領導者不是真正的領導者。大聲說話或管東管西不代表你是老大，也稱不上是個領導者。雖然有些領導者可能也是大聲說話、管東管西，但他們解決的問題絕對超過製造出來的麻煩。

就算身為主管，甚至是公認的好主管，也必須親自出面解決問題，才能算是

★編按：human alpha意指領導型人物或其行為表現，尤其是具有社會侵略性與男性化特質明顯的男子。

老大。唯有親身領導與幫助他人，才算是名副其實的領導者。如果你能夠挺身幫助他人，就算只是聽別人訴苦或提供精神慰藉也好，都可以算是老大哥。並不是說非要身為領導者才能被視為老大，但老大一定會是受眾人景仰的對象。

贏得別人尊重的方法很簡單，最重要的是，你擁有的資源必須比其他人多。所謂的資源可以是金錢或權力（這兩者是大部分人看見「資源」兩字最先想到的東西），也可以是獨到的見解、知識，或是熱在工作的態度。

若你的資源不比周遭的人多，代表你必須依靠別人。但若你握有的資源比別人多，卻只用在自己身上，那就是個自私的人，無法贏得他人尊敬。如果你握有的資源比別人多，而且樂於運用在幫助他人，你就會成為老大，眾人也會對你充滿敬畏。

資源＋助人＝贏得敬重

要注意的是，你幫助別人解決的問題必須是他真正的難題，而不是你自以為的問題，否則你頂多只能算是個愛管閒事的人。在最糟的情況下，甚至會被視為暴君。如果某個人總是自認為是在為別人好，結果可能做出最可怕的事。

操弄腎上腺素

腎上腺素是啟動各種情緒的開關（或者說是各種情緒的副產物）。無論是因為害怕死亡而觸發蜥蜴腦，或是因為害怕失去地位而觸發猴子腦，當我們預期會發生衝突時，身體就會分泌壓力荷爾蒙。

不同人會對腎上腺素產生不同反應，而男女對腎上腺素的反應也相當不同。一般來說，男人的腎上腺素會在短時間內大量分泌，但來得快、去得也快；女人則是緩慢分泌，持續時間相當長。

當我和老婆起口角時，她會顯得冷靜又理性，但她這樣的反應只會讓我覺得她根本不懂我們在吵什麼。我的情緒會越來越高漲，她卻繼續保持冷靜。接著我會走到外頭去透透氣、散散心。過了幾分鐘，當我冷靜下來以後，會發現她才是對的，因此我決定回去道歉。我回到家打開門，對她說：「親愛的，對不起……」就在這時候，她開始對我發脾氣。

其實爭執剛發生時，她並不是因為搞不清楚狀況才能保持冷靜。她之所以能夠保持理性，是因為她的腎上腺素還沒開始分泌。換句話說，她能夠冷靜思考，因此通常能夠得出正確的結論。而我那時還受困於大腦邊緣系統，無法看清楚事情的全貌。

等我冷靜下來並回家道歉時，她的腎上腺素才正在分泌，因此她忿忿不平的時間會持續得比我久。我曾經利用這種生理差異，在監獄進行了撤離牢房（cell extraction）的任務。所謂的撤離牢房，就是進到一個關有重度暴力罪犯的禁閉室，將那名囚犯（在盡可能不造成傷害的情況下）從牢房中撤離的過程。換句話說，在執行這項任務時，必須通過一扇門，面對一位危險的罪犯，而他隨時可能使用暴力，而且很可能已經準備戰鬥。

若囚犯是男性，我就會運用「要求／建議／命令／威脅」的方法，藉此操控對方的腎上腺素。

要求：「請轉過身，讓我銬上手銬。」

建議：「若你不讓我上銬，我就必須使用暴力……」

命令：「立刻轉身！」

威脅：「你讓我別無選擇必須使用暴力逼你就範，不過這樣一來我的報告好寫多了。」

然後我會用這句話來影響對方：「你知道嗎？我不想再浪費唇舌了。我會去找六個人跟一罐辣椒水來，把你壓制在地，賞你一頓拳頭，然後扯著你的頭髮，把你拖出這個牢房。我十分鐘後回來。」

對方聽完後會分泌大量腎上腺素，但大約十分鐘後就消退。我會在十二分鐘後才回來，然後說：「該死，我忘了。我現在就去找人來好好教訓你一頓。」

這時對方會再度分泌腎上腺素，但分泌的量比前一次少。等我再度回來時，對方通常會相當配合，無須訴諸任何暴力。

然而，我永遠不敢對女人使用這招，因為女人與男人不同，她們可以在腎上腺素分泌前先想好要怎麼做。若我威脅女性囚犯要在十分鐘後回來，她就會在這段時間內做好防備，在地板上抹滿肥皂泡沫，接著當我們要對抗時，她會剛好處在腎上腺素的高峰，準備全力奮戰。

安大略省倫敦市的克里斯・麥克卡斯可爾（Chris McKaskell）曾經用類似的方式對付一位脾氣暴躁的員工。「當我必須跟他談論某件可能會讓他不爽的事情時，我會先讓他對別的事情生氣，像是說他支持的美式足球隊爛到爆，然後十分鐘後再回來跟他談論真正要緊的事。」

故意犯錯

范．海倫（Van Halen）重金屬搖滾樂團（上個世代的人才會知道的樂團）在簽約時都會有一項條款，就是只要他們出席表演，後台就必須準備好一大碗的M&M巧克力豆，而且必須把所有咖啡色的巧克力豆都挑掉。

這是在整人，還是別有用意？

答案是後者。當時他們的巡迴演唱會規矩是搖滾樂界中最複雜的，合約內容又多又詳細，寫滿了演出的電源配置、建築結構等等規定。之所以加入巧克力豆條款，是因為這個方法可以輕易看出對方是否遵守合約。若樂團抵達現場，發現對方沒有遵守巧克力豆條款，就可以確定對方肯定沒有讀完所有規定，於是他們就會儘早請電路工程師現場勘查，確保表演能夠順利進行。

我常會用一個方法來測試新認識的人：以充滿自信的態度告訴對方一個精彩的故事，看之後是否（或多久之後）會從別人口中再次聽到這個故事。

我認識一個小員工（雖然她只是個祕書，但實際上負責管理整個訓練部門），她會故意在每份合約中藏一個錯字。若合作方沒有找出這個失誤，就會被她視為不專業，再也別想拿到他們的任何合約。

聰明。

接著是紫色玫瑰的故事。有一位網頁設計師每次都會在她設計的網頁上隨機置入一朵花。她發現客戶通常會指出這朵花是多餘的，而在她道歉之後，客戶就不會再提出其他意見了。

有些人（尤其是主管階級）隨時都會想要宣示自己的地位。他們需要叫下屬改點東西，才覺得自己有點上司的樣子。因此，不如直接提供他們一些要修改的東西，藉此平息他們的猴子腦。我聽過一個最極端的例子，就是有位副隊長會把收到的所有報告退回，要求下屬重寫。我早就注意到這一點，因此有一次當我的報告被退回來之後，我決定等二十四小時，然後把同樣的內容原封不動再交出去一次。她讀完之後對我說：「修改後的品質比初稿好一倍，謝謝你。」

我的同僚則採取了不同的做法。在當英文老師的妻子協助下，他費盡心思交出了一份完美的報告：沒有錯字、拼音正確、標點符號完整，而且遵守所有的格式規定。然而，那位副隊長最後還是挑出了一個地方要他修改。雖然他沒有和我一樣交出假裝修改過的報告，但自從那次之後，他開始會故意在每一份報告中犯一個明顯的錯誤。

這裡有兩個重點：

一、觀察自己的言行並不容易，但如果你是主管，請不要故意找碴。這種行為完全出自猴子腦，而且沒有必要。或許你認為自己只是嚴格監督，但在下屬眼中，這只是充滿不安全感又讓人瞧不起的行為。一般而言，主管該做的不是逼別人把工作做好，而是放手讓別人把工作做好。

二、若你已經是這種主管，而且還要再找出另一個錯誤的話……唉，別說了。

改變猴子腦的目標

現在的你萬事俱備：背景知識、原則與各種技巧統統都有了。讀完這本書，你就回不去了。就算是刻意不去實踐本書教導的內容，或是拒絕承認自己在生活中有多常被猴子腦控制，你還是必然會開始看見猴子腦作祟的種種跡象。

讀完本書的讀者，生活會出現兩大轉變。

一、猴子腦討厭輸的感覺，因為它害怕失去地位。現在，當別人想要操控你時，你已經能夠有所警覺。當對方試圖讓你進入猴子腦的狀態，你的猴子腦會開始出現一個異常舉動，那就是向人類腦求援，要人類腦想辦法贏過對方，避免遭到操弄。換句話說，猴子腦會命令你進入人類腦的狀態。這是一件好事。

二、當你不斷贏得勝利，猴子腦會漸漸發現這個方法很管用，也開始理解實際的地位（而不是腦中想像出來的地位）。這時候你的猴子腦會改變它對「勝利者」的定義。

你的人生到目前為止，都是盲目追求猴子腦想要的目標，像是成為最強壯、最高大、最難對付或叫聲最大的猴子。但是從現在開始，你的猴子腦會想要成為最聰明的猴子。

就像幸運餅乾中的籤詩所預言的一樣，「你的人生即將出現轉變。」

附錄一、暴力的定義

知名線上詞典Dictionary.com對「暴力」（violence）的定義如下：

一、快速而強大的力量，比如暴風雨的破壞力。
二、猛烈或使人受傷的力量、行為、對待方式，比如暴力傷害致死。
三、以不公或無理的方式行使武力或權力，亦即侵犯他人權利或違反法律等等，比如以武裝推翻政府。
四、暴力的行為或事件。
五、強烈或過激的感受或言語，比如仇恨情緒。
六、扭曲意義或事實而造成傷害，比如惡意曲解。

脅迫之程度

暴力的定義非常廣，必須從不同程度及觀點來理解它的概念。我有不少同僚認為，「需要耗費大量流程來處理的關係」，就是一種暴力。這般定義聽起來很隨便吧？但這確實也是一種觀點。有些人則把爭吵或言語威脅也視為暴力。

脅迫的概念就比較容易理解。脅迫指的是強迫別人根據你的意志行動。脅迫必然含有暴力的成分，雖然可能只是言語或心理上的暴力。或許對於被脅迫者及旁觀者而言，這感覺起來不像是暴力。但在此處，它們都算是一種暴力。

暴力程度最低者，是**好人型**（nice people）的脅迫。所謂的好人，他與別人相處融洽，也在乎其他人的感受。他重視自己的工作和任務，也會認真達成目標。跟他在一起輕鬆自在。他會脅迫他人嗎？會，只是比較不容易察覺。例如，如果你沒有表現得像個好人，他就會冷落你，像是不跟你打招呼或同事聚會不約你。有些人覺得這樣很可怕，好像是強迫服從，是另一種形式的不公平。

好人團體往往一片和氣，直到遇上另一種脅迫：**操縱型的人**。操縱型的人會以造謠、說謊、背後捅別人一刀等方式來得到自己想要的事物，倒楣的則是那些好人。

操縱型的人就像大白鯊，而好人則是同個水槽裡待宰的小魚。

好人會嗤之以鼻地說：「他就是愛耍手段。」但他們往往也對這樣的人束手無策，無法理解為什麼有人可以如此自私。操縱型的人善於營造形象，通常在組織中平步青雲。但從好人的角度來看，操縱者就是惡劣。雖然這種程度的暴力很輕微，也不是有形的暴力，但受害者確實深受其害，被迫忍受自己不喜歡的事物。

對操縱型的人來說，他們覺得自己沒有做錯什麼，只是設法達到目的而已。他們頂多會覺得其他人很可憐吧：「那些人就是沒辦法。」他們認為：「這個世界本來就是這麼殘酷現實啊！」

操縱型的人會無情利用好人，直到遇上**堅定型的人**。這樣的人會勇敢對操縱者說：「我知道你在搞什麼鬼，你最好收手，否則我會阻止你。」這樣的威脅不算是一種暴力，比較像是採取對策或是把話說開來。一旦詭計被揭穿，操縱者就沒戲唱了。

堅定型的人不認為自己的做法有錯，那只是設定界線罷了。這也是我們社會的一個目標。我欣賞堅定型的人，他們通常比較直率、容易相處，而好人們往往一方面支持堅定自信的態度，卻又認為堅定型的人「咄咄逼人」。

堅定型的人通常表現良好、工作很有效率，但如果遇上**侵略型的人**就沒轍了。要是有人衝進辦公室大聲吆喝、怒斥恐嚇，就算是充滿自信的人也會害怕。這已經超越社會能夠默默容忍的界線。這種行為帶有身體威脅的意味，衝突一觸即發。有些老闆常常怒聲斥責、威脅霸凌。這麼做會讓好人型及操控型的人害怕而服從，也能控制堅定型的人。侵略型的人覺得自己是強大、為人所懼怕，他們完全認同自己的行為，或許還覺得自己勇敢。他們稱這種行為是「毫不留情地誠實以待」。

當然，周遭的人只覺得他們是混蛋，令人無法苟同。然而，在脅迫的金字塔中，位在侵略型下層的人都無法應付這樣的人，甚至無法理解他們在想什麼。

侵略型的人會成為領頭羊……直到有人對這個領頭羊發動攻擊為止。侵略型的人往往對於攻擊毫無準備。**攻擊型的人**會正面對抗侵略型的人虛張聲勢的威嚇，並以真正的暴力來反擊。這是侵略型與攻擊型的重要分別。多數侵略型的人不會真正使用暴力，他們跨不過這條界線。整體來說，侵略型的人對於自己的行為心安理得，所以對於真正的暴力他們會感到憤怒。侵略型的人可能老是大聲嚷嚷、態度惡劣，但至少他不會打人。

攻擊型的人則需要想辦法「正當化」自己的暴行。文明社會都會譴責暴力行為，所以大多數攻擊者都會找到合理的藉口：是他惹我發火的；她不該那樣做；那是他自找的。

無論如何，到頭來攻擊型的人不介意用肢體衝突來解決問題。而如果這樣的方式經常奏效，攻擊型的人就會更常使用暴力來處理事情。當然，若是攻擊型的人遇上**致命型的人**，他就踢到鐵板了。

脅迫程度的金字塔，由下而上依序如下圖所示。各層之間還有不同等級，像是在攻擊型裡頭，推人比打人來得容易。而好人之間也有不同等級，一種是**迎合型的人**，他會主動向操縱型的人投誠，因為他認為要服從才會有人接納他與喜歡他。更悲慘的是**聽話的受害者**。聽話的受害者從

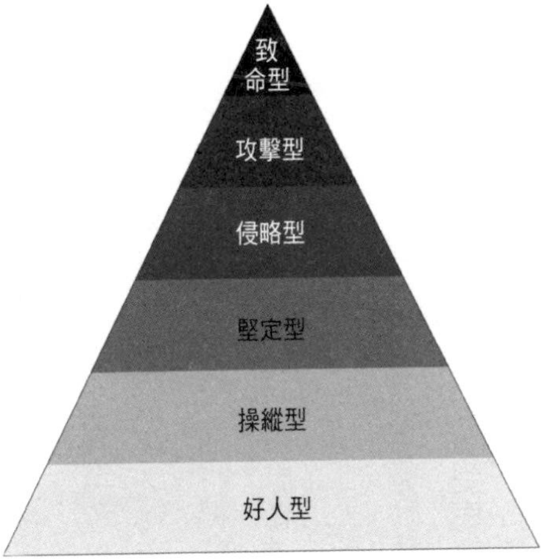

小接受的家庭教育是：「爸爸用皮帶打我是因為他愛我。」這樣的孩子長大後會主動尋求暴力的依存關係，因為他們只知道這種模式，只能在這種團體裡生活。

每個人都安於自己的階層，認為別人都是錯的、都是暴力的。面對較上層的人則覺得束手無策，絲毫無法理解對方的動機。通常上層者也會認為下層的人很懦弱。而這種認為比自身高層者是壞人，比自身低層者是懦夫的傾向，會影響不同層級之間的溝通。

如果你的工作需要出生入死，有時候可能還會被子彈掃到，你必然不會計較一些小事。好比說誰喝了辦公室的咖啡卻不肯分擔費用之類的，甚至心想到底有誰會為了這種小事計較？有時候我們會建議另一半說，你要跟老闆堅定表達自己的意見啊。但我們內心深處知道，他最後一定不敢這麼做。我們在建議他人時，時常會忘記一件事：叫好人型的人堅定表態，彷彿是逼他們跳出舒適圈，而且是一次雙級跳。別忘了，通常對好人而言，堅定型的人可是咄咄逼人啊，他認為那樣是不好的。

反過來看，脅迫金字塔上層的人常常讓下層的人驚恐不已。「我不想隨便殺人，但殺人對我而言不是問題。」這句話在同溫層行得通，但絕對會讓其他層的人嚇得半死。

這種分層無關對錯，也無關你站在哪一方。優秀的軍人及警察保護人民，以忠誠、自制、自律及榮譽心達成任務，但他們奮力守護的人民卻對他們感到害怕。

在脅迫程度的金字塔中，要往下走很容易。殺人犯必定也能說謊，而狙擊手也能進行人質談判，至於談判技巧如何又是另一回事了。然而，談判高手卻無法輕易奪取他人的性命。我們需要受到強烈的刺激，才能往金字塔上層走，執行在潛意識中被歸類為「不好」的行為。

懲教緊急應變隊成立不久後，有位心理學家希望能來觀察我們的訓練過程。在矯治機構中，有些情況是未受過相關訓練的一般職員無法處理的，而緊急應變隊的功能就是處理這類問題，包括制伏攜帶武器的囚犯、暴動、人質救援等等任務。草創之初，我們沒有電擊槍或任何殺傷力較大的武器，只有胡椒噴霧和警棍，但上頭希望我們解決的問題，卻是特殊武裝突擊部隊等級的，而且是在宛如堡壘的建築中徒手執行艱難任務。

因此，我們的成員都經過精挑細選，都是極為冷靜自制、拳腳功夫了得的高手。

這些成員曾經面對許多更危險的任務，或是曾經對抗諸多對手並取得成功戰績。同時，他們總能保持一貫冷靜的態度，也不會濫用職權。大家的優秀能力是有目共睹。

心理學家想要觀察緊急應變隊，而我也觀察著她。我們的訓練主要針對團隊策略，也就是如何運用團隊力量在最少損傷的情況下制伏危險人物。有一天，那位心理學家整個早上都在觀察隊上訓練，看隊員們以驚人的力道與技巧互相攻擊，整個訓練過程非常過癮。

那天稍後我們接獲通知，要撤離一間牢房的囚犯。原本熱鬧的氣氛突然變得嚴肅沉靜，我們開始裝備武器以及擬定計畫。有人負責策畫，其他人則前往指定樓層裝備。

心理學家猶豫了一會兒，還是決定跟著我們前往牢房。一路上她雙眼發直、手指發白。電梯終於抵達指定樓層，我們一群人直盯著牢房門口。牢房裡傳出威脅恐嚇，囚犯說他手上有武器，要把所有人給殺光。

領頭的安迪靠近牢房，表明自己的身分後說：「你知道我們為什麼來這裡，對吧？現在，我要你轉過身，把手伸出食物投遞口，由我為你上手銬。否則我的隊員們要採取行動了。你要不要配合？」

囚犯最後決定合作，我們的隊員對其搜身並搜索牢房內有沒有藏匿武器，過程順利，之後囚犯被送到更高度戒備的區域。等到我們進入電梯，確定不會被聽見後，家人立刻大聲叫好。那位心理學家錯愕不已，她一直擔心場面太過暴力。她把我們設想為殘暴之徒，以為我們會把囚犯給宰了。

如我們這類的安全專業人士雖然經過嚴謹的訓練，且獲得授權得以使用危險武器，但我們其實更常透過言語來說服他人投降，反而比較少使用武器來傷害人。金字塔下層的人無法理解上層的思考方式；在潛意識裡他們往往非常害怕上層的暴力。

附錄二、威脅評估方式

在威脅評估中，有四個最根本的問題：

- 這是不是一段危險的關係？
- 這是不是一個危險的地方？
- 會不會演變成暴力場面？
- 我會不會成為暴力攻擊的目標？

要記得，凡事總會有例外。有時候心理狀態不穩定的人會拿出武器，隨機掃射或刺傷他人。如果你不認識攻擊者，根本無從預測這種突發事件。在極少數情況下，平時情緒穩定的人會因為成人思覺失調症（adult-onset schizophrenia）而突然做出暴力行為。除非相關研究更上層樓，否則永遠都會有隨機的暴力發生。不過在大部分情況下，暴力其實是有固定模式可循的。

這是不是一段危險關係？

這一題很簡單，因為你心中早有答案。如果這段關係過去曾經發生過暴力，將來也有可能再次發生暴力。你的猴子腦會想要否定這個事實，目的是延續這段關係；施暴者也會否定事實，才能繼續把你留在身邊。但是這種關係的危險本質不容忽視。

施暴程度會變嚴重嗎？未必。有些家暴是惡性循環。如果暴力程度加劇，人類腦的理智決定應該會是離開；若暴力程度不變，人類腦應該還是會認為要脫離這段關係。不過，除了當事人自己，沒有人可以幫他做決定。

若你正準備脫離一段危險關係，我建議你可以讀讀《來自地獄的營火故事》（*Campfire Tales from Hell*）中的一個章節，標題為「供離開危險關係時使用的確認清單」；這篇內容不是散文或故事，只是一份確認表，是受害者打算脫離危險關係時應該參考的一份清單，是過來人的忠告。

其實在兩人關係剛開始之初，也是有些跡象可以幫助你判斷它會不會是一段危險關係。

線索一，如果**對方過去在感情上有許多不良記錄**，這是一大警訊，尤其是施暴紀錄。一般來說，施暴者不會自己透露出這些資訊，因為一個人若能對他人拳腳相向，扯扯謊就更不用說了。但或許你有機會從其他來源得知對方的過去，而若他曾經對另一半暴力相向，眼前這段感情也不太可能平靜安穩。

從衝突溝通法則的角度來看，每個人都有自己的一套標準，用來決定什麼是「正常」或「良好」的關係。如果這個人過去曾經對另一半施暴，可能表示他只懂得如何以暴力來處理關係問題。要改變一個成人既定的「正常」標準很困難。

線索二，聽對方怎麼說：**他是否總是把過去的伴侶形容得很差勁**。比如說：「我的第一任妻子是個瘋女人，第二任更糟糕。」他沒有說出口的是：「我當時無法控制我的脾氣。」所有的前任都是瘋子或壞人？這機率有多低啊！真相應該是，他過去的感情之所以失敗連連，問題就出在他自己身上。

線索三，對方看似很受歡迎，**卻沒有半個老朋友**。

線索四，**關係進展得太快也要小心**。充滿魅力的掠奪者總是能夠把受害者迷得神魂顛倒，而他自己也知道這樣風度翩翩的假象維持不了多久。他很清楚，關係進展到越後面，受害者投入得越多時，就會越難逃離這段關係。

多年前，一位新到任的護理師前來尋求我的意見。她善良、溫柔且富有同情心，想要帶一位囚犯回自己家，問我這樣做會不會惹禍上身。廢話，當然會，還會讓她丟了工作呢！她說那位囚犯是一個「非常貼心的女孩」，在獄中從未惹禍，而且孤單無依、無家可歸。這些都是那個囚犯告訴她的，護理師還說她認為對方「沒理由說謊」，畢竟對方完全不知道她考慮讓她暫住她家。

跟罪犯交手時，一定要查證事實。我帶著那位護理師以電腦系統查詢那位「非常貼心的女孩」的資料，瀏覽她過去十年來大量的犯罪紀錄，包括吸毒、偷竊、賣淫、家暴等等。護理師差一點就要把這個麻煩帶進自己家中，後來她警覺情況不妙，可能因此被炒魷魚時，對方卻轉而勒索她。吃乾抹淨、利用完畢，那個囚犯其實從頭到尾都在設局，差點就要害善良的護理師沒了飯碗。

線索五，**對方與你建立關係的目的，是為了逼迫你做你不情願做的事**。「來一點安非他命啦，不敢？卒仔哦！」這句話的目的是給你套上角色，逼你就範。如果對方忽視你的界線，等於是否定你的拒絕。對方也可能假善意之名，行剝奪和圖利之實。

線索六，**斷絕資源**。「剝奪」通常是有跡可循的。如果有人想要孤立你，不讓你跟朋友聯絡、不讓你自由取用自己的金錢、你去哪裡跟誰見面都要經過他的同意，那就不妙了。上述問題不僅限於戀人之間。父母也會告誡小孩，如果有人要你不能跟爸媽說什麼，那個人一定是壞人。車子發生擦撞時，對方可能會說：「沒必要叫保險公司或是警察來啦。」或者主管說：「這點小事別驚動工會，我們低調處理就好。」上述這些行為的目的都是避免你尋求同盟，要讓你孤立無援，千萬要謹慎判斷。

線索七，**令人無法預測的行為**。有些暴力加害者會沒來由的對受害者好，這種暴力關係特別可怕。由於加害者需要鈎子（詳見第二部第七節）來發動攻擊，所以暴力行為相對容易預測。但加害者什麼時候對受害者好就難以預期了；什麼時候會送禮獻殷勤，無從預料。人類天生會觀察模式，如果摸不清某件事的固定模式，你就無法學會如何應付；如果無法應付，就等於是任對方宰割了。

線索八，**你做什麼都不對**。爛主管比壞情人更常用這招。一旦你發現自己做什麼都不對，動輒得咎，猴子腦、蜥蜴腦、人類腦三者都會決定，什麼都不做才是最安全的。這一招會讓受害者變得消極不抵抗，也會讓團隊成員變得被動怕事。

若受害者長期以來都認為「對方無法預測」且「自己做什麼都錯」，性格很容易被扭曲成附錄一所描述的「聽話的受害者」。

這是一條雙向道。要察覺出暴力關係，不僅要看見暴力加害者，也要知道哪些人容易吸引暴力。有些人不斷淪為暴力關係的受害者，脫離了一段危險關係之後，很快又會陷入下一段危險關係。

請謹記兩點：第一，小心這樣的人。如果你有個朋友每週末上酒吧都會被打，千萬別跟他一起去喝酒。過去的暴力是未來暴力的最佳指標。若你遇上一位可憐的女士，她經歷四次家暴婚姻，讓你忍不住想要照顧她……她跟加害者有一點是相同的：暴力是她最熟悉的關係模式。她的猴子腦終有一天會逼迫你踏進加害者的角色，請遠離她吧。

第二，如果你就是容易吸引暴力的人，請先接受這個事實並尋求改變。改變不容易，不論是要終結一段危險關係或是結束幫派生活。你必須相信自己可以有更好的生活，然後一定要學習過更好生活的方式。改變需要意志力，或許還要斷絕過去的所有連結。這是做得到的，只要你想要改變，而且願意付出代價。

這是不是一個危險的地方？

在《面對暴力》（*Facing Violence*）一書中，我針對此點做過詳細闡述，所以這裡只會討論重點。一旦你被鎖定了，任何地方都是危險的，但通常你一定會有所意識和警覺。而以下五種地方最容易發生暴力事件：

一、哪裡有血氣方剛的男子聚在一起，哪裡就有大量的睪固酮與愚蠢想法。這一大群人被猴子腦掌控，他們想要的就是建立地位、名聲和炫耀。如果他們鼓譟起鬨，暴力行為一定會越演越烈。

二、腦袋和神志不清的人會去的地方。這些人可能受到毒品、酒精，甚或是儀式的影響而喪失自制力。毒品或藥物只會讓我們變笨、判斷力降低，絕不可能讓我們變聰明。

三、有地盤之爭的地方，例如幫派領域或戰區都很危險。所謂的「地盤」不一定是真實存在的，喝醉酒的年輕人也可能為了不同球隊而大打出手。

四、當你對規則一無所知時也很危險。到國外旅遊時，或是到不同族群住的地方，都可能不經意冒犯當地人。在會員俱樂部裡冒犯他人可能沒什麼，頂多被羞辱排擠、暗地裡被說些難聽話，但若是在充滿粗魯莽夫的酒吧裡，那可就危險了。上述這四種地方也很容易發生社會性暴力。

五、人跡罕至的地方則容易發生掠奪型的暴力，沒有目擊者能夠提供奧援。要各位完全避開上述情況未免有些不切實際，但當你決定前往時，記得保持警覺並做好預防措施。

會不會演變成暴力場面嗎？

如果可能的壞人（法律術語稱為「威脅」）是個掠奪者，情況更加危險。下一節會討論如何分辨掠奪型暴力與社會性暴力。

從社會需求而來的暴力（也就是所謂猴子腦的暴力）通常需要特定要素：

一、這個暴力份子必定對於使用暴力覺得沒關係。

二、這個暴力份子必定感到被背叛、被羞辱，或是將受害者他者化。前面已經討論過暴力的使用。當一個人覺得自己被羞辱或背叛時，他可能會以自己所能發動的最高程度的暴力來進行報復。羞辱和背叛是兩種極端的情況，會讓人做出比平時更強的暴力。換句話說，如果遭到羞辱人的是一位善於用刀的人，他很可能會刺傷對方；而若遭羞辱的人不善暴力，他可能會提起告訴或揚言要提告，抑或四處散播謠言醜化對方。

第二個因素是最重要的。這個因素是我們可以掌控的，除了他者化。雖說如此，他者化的行為還是可以加以注意和監控的。

如果你的員工試著將自己塑造成局外人，認為自己不屬於這個組織，請多加留意。他為了跟同事保持距離，必須將自己與組織的連結降到最低，做法之一通常是強化與外部團體的連結。想要融入團體的人，會降低差異並放大共通之處；想要他者化的人則反之。如果你邀請某個人共進午餐，而對方有一些基於宗教、個人道德或健康因素的飲食限制時，你可以觀察他是怎麼處理這些差異。如果對方刻意不提差異，只是默默尋找菜單上能夠接受的餐點，也不會主動聲明自己的飲食限制，那麼他確實想與你建立關係。而若對方大肆宣揚自己的飲食限制，目的可能是要告訴你，他跟你是不同的人，他會避免與你的團體產生連結。

所以，如果你想知道那個被你炒魷魚的人會不會回來拿槍指著你，第一個要問的問題是：「他是會用槍的人嗎？」但你很難知道對方的底細究竟如何，我認識的會使用槍的人，多數都是看起來文靜隨和的人。就算眼前站著一位漂亮的姑娘，說不定她小時候常常舉槍射殺獵物呢。

第二個要問的問題是：「他是否刻意將你和其他同事他者化？」

第三個問題，也是最重要的問題：「被迫離職這件事對他來說是否是種羞辱或背叛？」

請一個資淺新人打包走路，還給他好幾個月的時間改善，和趕走一名忠誠的老員工，而且你前幾天才告訴他不用擔心飯碗不保，這兩種情況完全不同。把人叫進辦公室請他收拾走人，和當著所有人的面羞辱對方要他滾出去，也是截然不同的情況。

猴子腦無法容忍被羞辱，羞辱之於猴子腦宛如死刑，所以它會憤而發動極端的防衛和報復行動。不只是職場如此，其他環境的原則也大同小異。也就是說，在大部分情況下，如果衝突演變成暴力，你可能也要負點責任。

有一次我到南歐教導自我防衛課程，一位學生在下課時問我能不能安排一對一教學。他希望如果他情婦的丈夫發現他們兩人不倫時，他可以不被對方攻擊傷害。他自承說，畢竟在這種情況下，任誰都會抓狂並想將對方大卸八塊吧！

不想被捅一刀？不想惹人抓狂？你已經瞭解猴子腦的特性了，千萬記得尊重部落之間的界線、不要人身攻擊、不要背叛，因為背叛可以激起任何文化中最嚴厲的制裁。此外，也絕對不要羞辱人。

我相信你明白如果有人拿搶指著你，你的人身安全肯定面臨極大的威脅。雖說如此，還是要提醒你，如果有人拿槍指著你，結果你開口盡是侮辱挑釁：「你才沒那個膽開槍！」那你不啻把自己逼入險境。

我常告訴菜鳥警察，不要羞辱罪犯，不要造成無謂的痛苦，罪犯不會因為你這麼做而變好。如果你羞辱對方是想要替他上一課，這一課他顯然是學不起來的。羞辱跟痛苦只會強化他原本的世界觀：每個人都跟我一樣壞，甚至比我還糟糕。更重要的是，如果警察讓他顏面掃地，他總有一天會討回這個面子，不過不是從警察身上，而是去欺負弱小。每一次的羞辱都必然會導致他反擊，例如對妻小拳腳相向，為的是掙回他的面子跟自尊心。

在這一節結束之前，我要介紹安全專家佩頓・秦（Peyton Quinn）所提出的暴力守則。佩頓・秦是自我防衛領域的翹楚，以下是他針對社會性暴力（猴子腦事件）的建議：

一、不要否認暴力的發生。
二、切勿羞辱對方。
三、不可挑釁對方（也不接受對方的挑釁）。
四、總是給對方臺階下。

我會不會成為暴力攻擊的目標？

絕大多數的暴力是社會性的暴力，目的是為了團體的存續，而且傷害程度會被控制到最低。因此，社會性暴力往往是憤怒、嗆聲跟虛張聲勢，實際的肢體傷害相對來說比較少。這些憤怒跟虛張聲勢是一種威脅，威脅對方說自己將使用暴力，但實際目的卻是預防暴力的發生。

無社會性的暴力模式就不同了，那是一種狩獵，而不是種溝通。掠奪者會傳遞假訊息，甚至完全不見任何徵兆。

不論是社會性或無社會性的暴力，你都可以觀察到腎上腺素飆升的跡象。大部分的人無法「冷血傷人」，通常都需要極端的情緒刺激，像是恐懼或憤怒等等，才能跨越禁忌並傷害他人。有些人確實可以冷酷傷人，但大部分人做不到。即使是經驗豐富的戰士，不論是好是壞，都希望自己能夠盡快「進入狀況」，就跟所有運動員一樣。而要進入狀況，方法之一就是靠大量的腎上腺素。

面對生存壓力時，我們的反應是來自於體內大量的荷爾蒙及神經傳導物質，並不只是腎上腺素。然而為了討論方便，接下來我會把這些身體所分泌的激素概括稱為腎上腺素。

腎上腺素分泌時會激起許多身體徵狀：呼吸、脈搏、瞳孔大小都會改變，但這些徵狀不重要，因為旁人看不出來。跡象就不一樣了，別人可以看出腎上腺素分泌的跡象。以下為幾個常見的跡象：

身體動來動去。腎上腺素飆升時，人會想要移動、走來走去、伸展肌肉。

肢體笨拙。大肌肉想要活動，但末梢的血液循環卻變慢，所以人會顯得笨手笨腳、顫抖、容易掉東西。

音調提高。

吞嚥及舔唇。或是喝很多水。腎上腺素會耗掉體內大量的水分，讓人口渴不已。順帶一提，遲發性運動障礙（tardive dyskinesia）是長期使用心理治療藥物的一種副作用，也會導致患者快速舔唇，還會有抽搐及（通常會）用力眨眼。

節律性運動。腎上腺素飆升的人幾乎都會做出規律性的動作。有些人會用手指敲來敲去（尤其是為了掩飾恐懼和憤怒），或是踮腳走來走去，有些則是會發出低吟聲。

臉色改變。臉色轉紅是一種威脅警告。雖然臉色轉紅的人可能會採取愚蠢舉動及危險行為，但那不是我最擔心的跡象。如果對方臉色變得慘白，事情就不妙了。臉色蒼白是末梢血管收縮所導致，表示身體想要預防危險，以免老虎咬斷手臂或斷腿時失血太快。所以蒼白的跡象代表身體已經蓄勢待發，準備發動攻擊。

當一個人腎上腺素升高又心有所圖時，危險訊號就響起了。溺水的人會大量分泌腎上腺素，而且他想要可以呼吸，所以這時候靠近他身邊的人，在他眼中不過就是個救生圈。毒犯需要錢買毒品時也會腎上腺素飆升，讓自己「進入狀況」好下手。

一個人要做出社會性暴力時，往往不會隱藏腎上腺素分泌的跡象，因為那就是社會性暴力的一部分。罪犯和專業人士才會嘗試掩飾那些跡象。

專業人士會有一套刻意設計的肢體語言，讓人以為他很放鬆（例如保鑣故意點菸來證明自己的手沒有顫抖）。這類人士的工作就是盡可能消除緊張情勢，所以他們會採取放鬆且不帶威脅性的肢體語言慢慢靠近目標。不過他們很專心在注意各種威脅。如果你不幸身處險境，而有個人明明應該看起來慌張卻異常冷靜，而且又看似專注，那麼他八成是受過專業訓練。

罪犯也必須拉近與目標的距離，同時讓受害者保持鬆懈。所以他會想要控制腎上腺素，讓自己看起來一副滿不在乎的模樣。許多罪犯會有自我安撫的行為。就像孩子受傷或害怕時，你是不是會把他擁入懷中，或是摸一摸、拍一拍他？罪犯也會這樣安撫自己，常見的做法是摸摸自己的臉頰或頸部。

還有一個比較專業的反應。有些罪犯會決定何時要發動攻擊，他可以有效控制自己的腎上腺素。他會透過想像、儀式或是跟自己喊話等方式，讓自己興奮起來，增加腎上腺素的分泌；他也可以透過拉長時間等待、深呼吸或其他安撫自己的行為，降低腎上腺素的分泌。

受害者沒有這些選擇。一旦威脅臨頭，腎上腺素就會快速飆升。如果你是安全專業人士（執法人員、軍人、保鑣），你個工作就是處理威脅。你可以利用上述技巧控制腎上腺素（理想而言，專業人員能自如運用這些技巧）。而你所面對的人則沒有這些選擇，他們無處可逃。

如果對方臉色轉白，衝突可能一觸即發。然而，如果對方臉色轉白卻姿態放鬆，你就危險了，這代表這個人的經驗豐富，知道怎麼善加利用腎上腺素。但是往好處想，這樣的人其實還有思考能力，還能講道理。若是一般臉色發白且緊張畏縮的人，早已經無法思考溝通了。

分辨社會性及無社會性暴力

你被掠奪者鎖定了嗎？判斷關鍵在於環境、肢體語言、雙方的距離，以及姿勢。在猴子腦的衝突中，通常會有觀眾圍觀。威脅者就在你面前，一開始通常站在你伸手摸不到的距離。他的雙腳不會正面朝著你，還會稍稍踮起腳尖，讓自己看起來高大一些。

但暴力的掠奪者很少以這樣的方式靠近受害者，主要是因為這種方式很蠢又沒效率，不但給對方太多示警，也不利於打鬥。掠奪者也不想要觀眾，在暴力犯罪中，觀眾可是會變成目擊證人。如果有人在人少的地方慢慢靠近你，絕對是個危險訊號。

與陌生人之間要保持多少距離才算合理呢？每個文化的習慣都不同。在北歐及美國，陌生人應該要站在一個手臂以外的距離。如果陌生人要問路，就會保持這樣的距離。然而，這樣的安全距離並非放諸所有情況皆準。有時就算與陌生人的距離非常靠近，我們也未必會感到不快，試試待在滿載的電梯裡你就知道了。當然，罪犯也可能從旁靠近，而不是面對面走來，讓受害者失去警覺。

第三個分辨方式是站姿。採取側站的方式會比較好控制情勢、動作反應也會比較快。警察面對罪犯時總是採取側身站姿，但在一般社交互動中我們比較少如此。

最後一個細節：歹徒在發動攻擊前，往往會左顧右盼，避免有人打壞他的計畫。如果你看到對方有這樣的舉動，記得提高警覺。

附錄三、改變劇本，就能改變情緒

有一個方法可以讓別人愛上你。這個方法很簡單，而且可以運用自如；但它並不道德，切勿用來傷害他人。我指的是「陷入愛河」那種愛，而不是廣義的愛。「愛」這個字代表著許多不同的情感與關係。這裡要談的是戀愛。

陷入愛河是什麼樣的感覺呢？生理上會有什麼跡象和徵兆呢？世界上最性感的人對你暗送秋波，你會有什麼感覺？

手心冒汗、口乾舌燥、心跳加速，或許還會緊張到胃痛、膝蓋發軟。怎麼會有這些症狀？其實都是腎上腺素分泌造成的。

而撞見一隻野熊時，人類的身體反應也如出一轍。

詹郎二氏情緒理論（James-Lange theory of emotion）認為情緒是這樣產生的：首先發生了一個事件，例如害羞的一抹微笑或是突然出現的熊，接著身體會分泌多種荷爾蒙及神經傳導物質，之後人類才會用語言解釋自己的感受。人類感受到體內的化學變化後，為其貼上標籤，而戀愛或恐懼都是一種標籤。體內的化學變化是個數據點和事實，在我們為事件貼上標籤之後，那個身體反應才成為所謂的情緒。

要讓某個人愛上你，對方必須對你有一點興趣或被你吸引。這是整個過程中你唯一無法控制的部分。如果對方對你感興趣，而你給對方一些訊號，讓他覺得或許兩人有機會展開一段戀情，但是這樣的訊號又不足以讓對方確定將來的發展。在這樣的情況下，對方每次見到你時就會分泌腎上腺素。然後他便會將這個情緒解釋為「陷入愛河」。

接下來我會舉出兩個現象來證實上述道理。但首先要請各位回顧個人經驗：回想你曾經迷戀的對象，或是曾經愛上你的人。想想看，是不是跟上述過程很像呢？假如你曾好奇，為什麼那些聰明人常常愛上渣男及自私女……現在你應該可以推敲出背後的原因了吧！

現象一：每次聽到有人說：「我依然愛你，但是戀愛的感覺已經不在了。」「我（們）不愛了。」「我們之間沒有火花了。」這些都是因為兩人的關係已經穩定到不會再為對方分泌腎上腺素。

現象二：比較罕見，不過好萊塢電影很愛用這種橋段。兩個好朋友個性非常合拍，不過從來沒有那種「火花」，所以多年來都只是朋友。這段穩定的友情會在其中一方有了戀愛對象，甚至訂了婚之後，開始產生變化。他們變得害怕失去彼此，而這種恐懼刺激了腎上腺素大量分泌，讓兩位主角發現原來「真愛」一直就在身旁。

這就是劇本的力量，這種現象傳達了許多訊息。有些訊息不算太重要，有些則非常關鍵。比較沒那麼重要的訊息是：好故事和爛故事的差別在於角色是否跟著劇本走，如果沒有，感覺就是不對勁，故事聽起來也會怪怪的。以羅密歐與茱麗葉的愛情故事為例，如果兩家人之間不是你死我活的世仇，羅密歐與茱麗葉不過只是互相看上眼的富二代。在虛構故事或真實人生中，初戀總是帶有害怕和恐懼的成分。

而更重要的訊息是：那些最深刻、情緒和感受最強烈的事件，都是猴子腦的設計。劇本從天雷勾動地火那一眼開始，腎上腺素大量分泌。她說：「我喜歡你，但是……」這個「但是」又激起了另一波腎上腺素飆升。之後，兩人之間就會展開史詩般的愛情，接著演變成人生中最美的一段旅程，或是最大的錯誤。

而上述這一切過程都在預料之中，都能由你操弄。因此，你多了個選擇的機會。人類腦的選擇。你可以決定這份感情到底值不值得珍惜？而我選擇要珍惜。

第二個重要訊息讓我們又回到前面說過的一點：那不是在針對特定的人。其實你並不討厭任何人，討厭的情緒只是劇本在上演的，它激起了腎上腺素，讓我們的猴子腦把身體的感受貼上「討厭」的標籤。而這就足夠猴子腦深信你是真的討厭某個人。

如果連愛都可以如此機械化、都可以是種選擇，那恨也是一樣的。所以，其實我們不需要討厭任何人。只要改變劇本，就能改變情緒。

後記

雖然不是天翻地覆，但你的世界已然徹底改變。書中提到的衝突相關知識，或許對你來說有些陌生，但幾乎所有內容都是你我日常生活會碰到的事情，相信你一定頗有感觸。

現在，你已經能夠看見猴子腦作祟的跡象。一旦看見這些跡象，你就能連結所學。你可以預測劇本，也可以改寫劇本。你可以選擇要不要參與猴子遊戲。

在大部分的情況下，猴子遊戲對我們有若干好處。若沒有那些小小儀式來確保友誼和認同，我們就無法在社會中生存。若所有人隨時都處在人類腦的狀態，這個社會就會變得乏味、空虛，甚至沒有意義。

話雖如此，猴子腦有時真的非常礙事，你應該已經清楚箇中原因。能夠察覺猴子腦在作祟的人，就可以做出選擇。

讀完這本書，你看待世界的方法會有所改變，很多事情會變得讓你更看不順眼。以往聽起來很有趣的政治辯論，現在看來只是百分之五的資訊加上百分之九十五的部落主義；你親眼目睹別人為了猴子腦問題而自我毀滅，而你完全知道這些問題有多愚蠢，很容易就可以避免；你看著有些人誤以為別人在羞辱自己而痛苦不堪，事實卻根本不是他們的猴子腦所想的那樣。

這時候，你的下一個猴子腦陷阱是：目睹這一切，你開始認為自己是高人一等的猴子，因為你能夠看見這些問題，別人卻不能。

猴子腦就是如此。我們永遠不可能擺脫它，但只要你能夠掌握更多的方法與工具，就能讓猴子腦開心，也能真的解決問題。

專有名詞解釋

- **積極聆聽**（active listening）：停止自己內心的獨白，專心聽對方怎麼說。
- **預設用途**（affordance）：你如何看待問題，決定了你有哪些解決問題的選擇。
- **反社會人格障礙**（antisocial personality disorder）：一種人格類型，這樣的人會忽視規則與社會規範，並且在某種程度上缺乏同理心。
- **無社會**（asocial）：指無法或不願意察覺互動對象的人性。
- **無社會性的暴力**（asocial violence）：帶著無社會性的心態所施行的暴力，亦即忽視受害者的人性。這種暴力並不是在憤怒的情緒下展現，而是一種為了達成任務、講求速度與效率的暴力行為。
- **歸屬感**（belongingness）：根據馬斯洛的理論，人類會有想要歸屬於某個團體的強烈需求。
- **家庭暴力**（domestic violence）：發生於家庭成員之間的暴力行為。
- **脅迫**（coercion）：強迫別人去做他們不願意做的事。

- **衝突溝通**（Conflict Communication, ConCom）：本書所介紹的衝突知識，目的是讓讀者瞭解衝突背後真正的原因，並學習控制這些衝突；教導如何降低衝突的緊張情勢；分享能夠避免由口語衝突演變成暴力衝突的方法。
- **自我**（ego）：從佛洛伊德的定義來看，自我是腦中理性的部分。簡而言之，就是驕傲與自我。以衝突溝通的用語來說，即為猴子腦。
- **情緒障礙者**（emotionally disturbed person, EDP）：在真實生活中，通常難以判斷一個人究竟是憤怒、害怕、患有精神疾病或重度藥物上癮。情緒障礙一詞包含上述各種症狀。
- **興奮性譫妄症**（excited delirium）：一種身體病症，患者的體溫會急遽升高並且變得極度暴力。
- **戰／逃／僵的反應**（fight/flight/freeze response）：動物在面對突發危險時，首先會呆立不動，接著會逃跑，最後才會戰鬥。
- **強迫組隊**（forced teaming）：使用話語技巧讓對方以為雙方具有共同利益，例如「我們是命運共同體」。
- **目標導向的團體**（goal-oriented group）：以達成目標為主的團體。某件事物（例如某個產品或打擊犯罪）是團體最優先的目標，也是這個團體組成的原因。

- **鉤子**（hook）：某個可以讓人怪罪的事物；做壞事的人正當化自己行為的理由。若有人想要傷害你，他會先想辦法讓你說出某句話或做出某件事，然後藉此責怪你。要注意，想要傷人的意願會先出現，接著才尋找正當化的理由，因此這個理由絕非造成衝突的真正原因。
- **人類腦**（human brain）：以衝突溝通的用語來說，就是腦中負責以理性及智慧解決問題的部分。
- **本我**（id）：從佛洛伊德的理論來看，就是腦中最黑暗的動物欲望。
- **內心的糾察隊**（inner critic）：這個聲音會不斷在作家跟藝術家的腦中告訴他們：「這樣不行，你還不夠好。」
- **貼標籤**（labeling）：將別人歸類成某個東西（例如「垃圾」）或是某個團體（例如「自由／保守派」）。這個機制會讓人類腦停止聆聽對方說話。
- **領導**（leadership）：透過性格的力量去完成任務。
- **蜥蜴腦**（lizard brain）：在衝突溝通的用語中，指大腦最深層古老的部位，為人類生存本能，也是最殘酷無情的獸性所在。

- **騙取人情**（loansharking）：透過毫無來由對人好，讓對方產生一種應該要給予回報的義務感。
- **存續導向的團體**（longevity-oriented group）：重視未來存續並且盡可能避免改變的團體。
- **管理**（management）：建立讓眾人遵守的流程，並以此流程來完成任務。
- **猴子腦**（monkey brain）：大腦中管理社交及情緒的部分。
- **猴子舞**（monkey dance）：年輕男性之間儀式化的肢體衝突。
- **習慣規範**（mores）：特定社會中適當行為的要素，也就是潛規則。
- **馬斯洛需求層級**（Maslow's hierarchy of needs）：一種人類需求理論。該理論認為人類會優先滿足生存需求，之後才是安全需求、社會需求、自尊需求、自我實現需求。
- **他者化**（othering）：說服自己「那個人算不上是人」或是「不夠格作為人」。
- **劇本**（script）：在本書中，劇本指的是可預測的行為反應模式。
- **影子社群**（shadow community）：腦中的各種聲音。這些聲音會批評、修正或控制人類行為。

- **社會性**（social）：在社會互動中，人們會將互動對象視為一個完整的人。
- **社會性暴力**（social violence）：衝突行為的主要目的是傳達特定訊息。
- **超我**（superego）：以佛洛伊德的理論來說，就是內化的是非觀念，也就是我們的良心。
- **策略性道歉**（tactical apology）：為造成的影響道歉，而不是追究責任歸屬。
- **威脅評估**（threat assessment）：判斷可能面臨的危險之程度及種類。
- **毒型人格**（toxic personalities）：這種人會蓄意在工作上或團體中搞破壞。
- **主動承諾**（unsolicited promises）：在無人要求的情況下主動承諾不會做出某些行為。是一種操弄的技巧，通常用來獲取資訊或迫使對方讓步。
- **暴力**（violence）：定義廣泛。就本書討論之目的而言，暴力位在衝突與脅迫的光譜上，但每個人對於暴力的認定標準各有不同。

參考書目

Chun Siong Soon, Marcel Brass, Hans-Jochen Heinze, and John-Dylan Haynes. "Unconscious Determinants of Free Decisions in the Human Brain," *Nature Neuroscience* 11: 543–545 (2008).

DeBecker, Gavin. *The Gift of Fear and Other Survival Signals That Can Save Your Life*. NY: Dell Publishing, 1997.

Gladwell, Malcolm. *Blink: The Power of Thinking Without Thinking*. NY: Little, Brown and Company, 2005.

Hatzfled, Jean. *Machete Season: The Killers in Rwanda Speak*. English translation NY: Farrar, Straus and Giroux, 2005.

Henrich, Joseph, Steven J. Heine, and Ara Norenzayan. "The Weirdest People in the World?" *RatSWD Working Paper No. 139,* May 7, 2010.

Howe, MSG Paul R. *Leadership and Training for the Fight: A Few Thoughts on Leadership and Training from a Former Special Operations Soldier*. Bloomington: AuthorHouse, 2006.

Kennedy, Burt (director). *Support Your Local Sheriff*. Hollywood: MGM, 1968.

Maslow, Abraham H. "A Theory of Human Motivation," *Psychological Review*, 50: 370–396 (1943).

Miller, Rory (ed.). *Campfire Tales from Hell*. Los Gatos, CA: SmashWords ebook courtesy of Marc MacYoung, 2012.

Miller, Rory. *Facing Violence*. Wolfeboro, NH: YMAA, 2011.

Miller, Rory. *Meditations on Violence*. Wolfeboro, NH: YMAA, 2008.

Miller, Rory. *Talking Them Through: Crisis Communication with the Emotionally Disturbed and Mentally Ill*. Ebook available through most suppliers, 2012.

Twigger, Robert. *Angry White Pyjamas: A Scrawny Oxford Poet Takes Lessons from the Tokyo Riot Police*. NY: HarperCollins, 1997.

Westen, Drew. *The Political Brain: The Role of Emotion in Deciding the Fate of the Nation*. Philadelphia: Public Affairs, 2007.

國家圖書館出版品預行編目資料

衝突溝通的技術：美國聯邦危機處理專家教你預測、避免、回應人際衝突的法則
羅瑞．米勒 Rory Miller 著 楊文斌 譯

初版 . -- 臺北市 : 商周出版 : 家庭傳媒城邦分公司發行
2019.06 面； 公分

譯自 : Conflict Communication: A New Paradigm in Conscious Communication

ISBN 978-986-477-658-0 (平裝)

1. 衝突管理 2. 人際衝突

541.62 108006089

衝突溝通的技術：美國聯邦危機處理專家教你預測、避免、回應人際衝突的法則

原著書名／Conflict Communication: A New Paradigm in Conscious Communication
作　　者／羅瑞．米勒 Rory Miller
譯　　者／楊文斌
責任編輯／陳玳妮

版　　權／黃淑敏、林心紅
行銷業務／莊英傑、李衍逸、黃崇華
總 編 輯／楊如玉
總 經 理／彭之琬
事業群總經理／黃淑貞
發 行 人／何飛鵬
法律顧問／元禾法律事務所　王子文律師
出　　版／商周出版
台北市 104 民生東路二段 141 號 9 樓
電話：(02) 25007008　傳真：(02)25007759
E-mail：bwp.service@cite.com.tw
Blog：http://bwp25007008.pixnet.net/blog
發　　行／英屬蓋曼群島商家庭傳媒股份有限公司城邦分公司
台北市中山區民生東路二段 141 號 2 樓
書虫客服服務專線：(02)25007718；(02)25007719
服務時間：週一至週五上午 09:30-12:00；下午 13:30-17:00
24 小時傳真專線：(02)25001990；(02)25001991
劃撥帳號：19863813；戶名：書虫股份有限公司
讀者服務信箱：service@readingclub.com.tw
城邦讀書花園：www.cite.com.tw
香港發行所／城邦（香港）出版集團有限公司
香港灣仔駱克道 193 號東超商業中心 1 樓
E-mail：hkcite@biznetvigator.com
電話：(852) 25086231 傳真：(852) 25789337
馬新發行所／城邦（馬新）出版集團【Cite (M) Sdn. Bhd.】
41, Jalan Radin Anum, Bandar Baru Sri Petaling,
57000 Kuala Lumpur, Malaysia.
Tel: (603) 90578822　Fax: (603) 90576622
Email: cite@cite.com.my

封面設計／李東記
排　　版／極翔企業有限公司
印　　刷／卡樂彩色製版印刷股份有限公司
經 銷 商／聯合發行股份有限公司
電話：(02) 2917-8022　Fax: (02) 2911-0053
地址：新北市 231 新店區寶橋路 235 巷 6 弄 6 號 2 樓

■ 2019 年 06 月 04 日初版
定價 350 元

Printed in Taiwan

城邦讀書花園
www.cite.com.tw

廣告回函
北區郵政管理登記證
北臺字第000791號
郵資已付，免貼郵票

104　台北市民生東路二段141號2樓

英屬蓋曼群島商家庭傳媒股份有限公司城邦分公司　收

請沿虛線對摺，謝謝！

書號：BK5146	書名：衝突溝通的技術	編碼：

請於此處用膠水黏貼

商周出版

讀者回函卡

感謝您購買我們出版的書籍！請費心填寫此回函卡，我們將不定期寄上城邦集團最新的出版訊息。

不定期好禮相贈！
立即加入：商周出版
Facebook 粉絲團

姓名：________________ 性別：□男 □女

生日：西元________年________月________日

地址：________________

聯絡電話：________________ 傳真：________________

E-mail ：

學歷：□ 1. 小學 □ 2. 國中 □ 3. 高中 □ 4. 大學 □ 5. 研究所以上

職業：□ 1. 學生 □ 2. 軍公教 □ 3. 服務 □ 4. 金融 □ 5. 製造 □ 6. 資訊
□ 7. 傳播 □ 8. 自由業 □ 9. 農漁牧 □ 10. 家管 □ 11. 退休
□ 12. 其他________________

您從何種方式得知本書消息？

□ 1. 書店 □ 2. 網路 □ 3. 報紙 □ 4. 雜誌 □ 5. 廣播 □ 6. 電視
□ 7. 親友推薦 □ 8. 其他________________

您通常以何種方式購書？

□ 1. 書店 □ 2. 網路 □ 3. 傳真訂購 □ 4. 郵局劃撥 □ 5. 其他______

您喜歡閱讀那些類別的書籍？

□ 1. 財經商業 □ 2. 自然科學 □ 3. 歷史 □ 4. 法律 □ 5. 文學
□ 6. 休閒旅遊 □ 7. 小說 □ 8. 人物傳記 □ 9. 生活、勵志 □ 10. 其他

對我們的建議：________________

____

____

請於此處用膠水黏貼